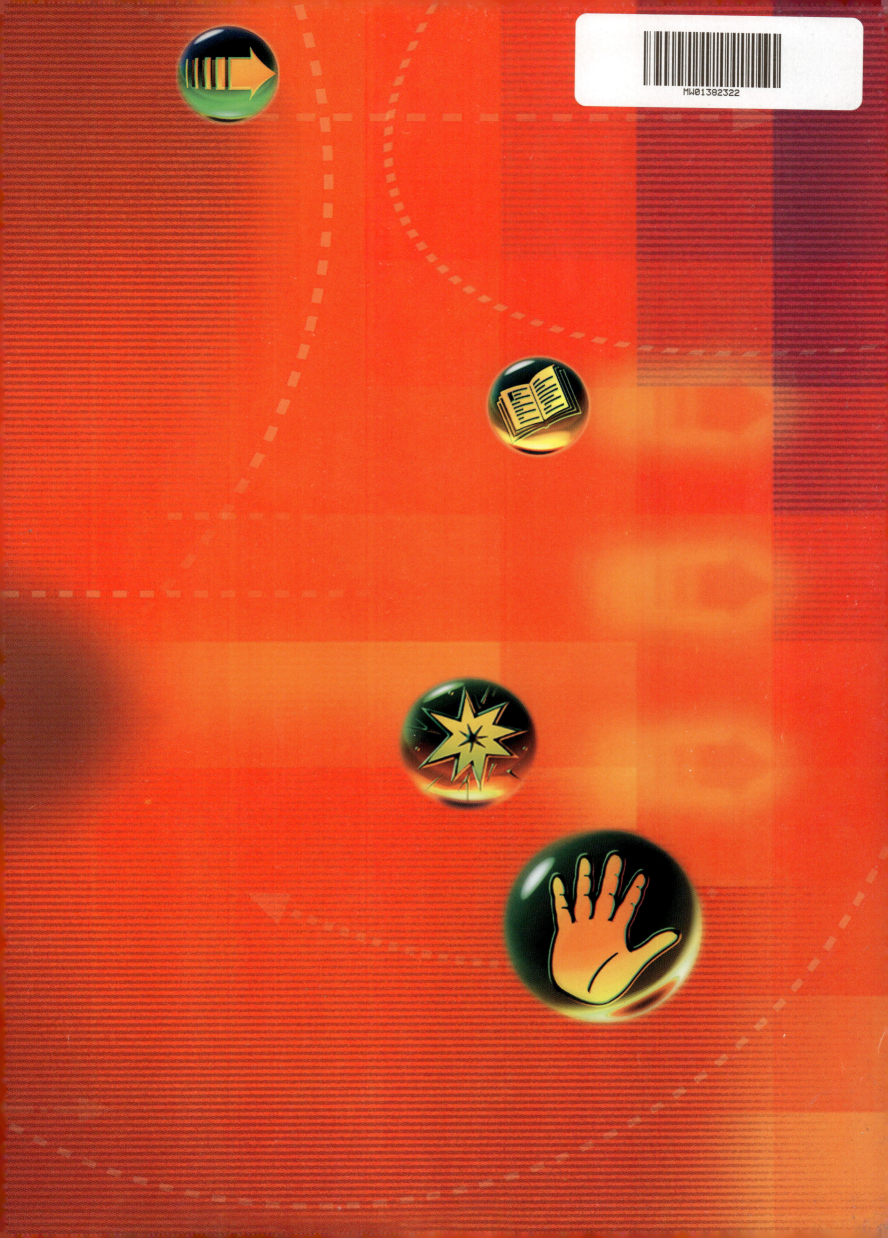

larousse.explore

Baleines
et dauphins

Conçu et produit par Weldon Owen Pty, Ltd, Australie
© 2002 Weldon Owen Inc.

Auteur : Bronwyn Sweeney
Conseiller : Linda Gibson
Illustrateurs : Anne Bowman, Christer Eriksson, Ian Jackson/Wildlife Art Ltd, David Kirshner,
Rob Mancini, Peter Scott/Wildlife Art Ltd, Christine Stead, Kevin Stead, Glen Vause
Cartes : Laurie Whiddon
Conception graphique : John Bull, Clare Forte, Robyn Latimer
Recherche photos : Jo Collard

Tous droits réservés. Toute reproduction, sous quelque forme que ce soit,
est interdite sans l'autorisation expresse de l'éditeur.

ÉDITION FRANÇAISE :
© LAROUSSE/VUEF 2002

Responsable éditoriale : Véronique Herbold
Traduction et réalisation : Agence Media,
avec la collaboration de Catherine Bodin-Godi
Conseiller : Michel Tranier
chercheur au Laboratoire de zoologie des mammifères et des oiseaux

Numéro d'éditeur : 10089792
ISBN : 2-03-565070-4
Dépôt légal : septembre 2002

Imprimé à Singapour

larousse.explore

Baleines
et dauphins

Sommaire

À la découverte des cétacés 6

Portraits 8
L'origine des cétacés 10
Les géants des mers 12
Dents ou fanons 14
Dauphins et marsouins 16
Des curiosités 18
Où vivent les cétacés ? 20
Les migrations 22
Le monde aquatique 24

La vie des cétacés 26

La respiration 28
L'alimentation 30
La nage 32
Haute voltige 34
Le système sensoriel 36
Le chant des baleines 38
L'intelligence des cétacés 40
Les débuts de la vie 42
La famille et les amis 44
Les dangers de la mer 46

Les cétacés et l'homme 48

Féroces, dans les mythes 50
La chasse à la baleine 52
Sauver les cétacés 54
Les échouages 56
En captivité 58
Observer les cétacés 60

Glossaire 62
Index 64

Prêt à plonger ?

Découvre le monde de ces mystérieux mammifères que sont les baleines, les dauphins et les marsouins. Fais d'abord la connaissance des géantes paisibles, les grandes baleines, puis apprends à distinguer les marsouins des dauphins.

Tu trouveras de nombreuses autres pistes de lecture dans les encadrés. Les encadrés « Gros plan » contiennent des témoignages de plongeurs ou de grands spécialistes des cétacés. Les encadrés « À toi de jouer » te proposent des expériences à réaliser toi-même. Dans « Histoire de mots », tu apprendras l'origine des mots savants, tandis que, dans « Incroyable ! », tu trouveras une foule d'anecdotes étonnantes, mais vraies. Enfin, les encadrés « Zapping » te permettront de circuler d'une page à l'autre pour satisfaire ta curiosité.

GROS PLAN
LES TÉMOIGNAGES SCIENTIFIQUES

Partage l'espoir des sauveteurs qui ont tenté de remettre à l'eau des globicéphales échoués. Fais la connaissance d'un grand dauphin appelé Percy qui, après avoir entortillé des lignes de pêcheurs, a montré à un plongeur comment les démêler. Dans les encadrés GROS PLAN, tu trouveras des témoignages des hommes et des femmes qui étudient la vie de ces animaux fascinants.

HISTOIRE DE MOTS

Quel drôle de mot !
Que signifie-t-il ?
D'où vient-il ?
Réponses dans ces encadrés.

INCROYABLE !

Faits étranges ou fascinants, records étonnants…
ils sont tous dans « Incroyable ! »

À TOI DE JOUER
LA MAIN À LA PÂTE

Forme une chaîne avec des copains pour reconstituer la taille réelle d'un mégaptère. Fabrique un système de filtration semblable à celui des baleines à fanons ou étudie la manière dont les bélugas sont protégés du froid. À TOI DE JOUER te donne des idées de « travaux pratiques » pour mieux comprendre l'univers des cétacés.

ZAPPING

Consulte ces encadrés pour te promener dans ton livre, en sautant de chapitre en chapitre selon ce qui t'intéresse.

À vos marques,
prêts, partez !

À LA DÉCOUVERTE DES CÉTACÉS

Il existe des baleines, des dauphins et des marsouins de formes et de tailles incroyablement variées.
Tout d'abord, pars à la découverte des ancêtres des cétacés actuels. Ensuite, nage aux côtés du petit marsouin de Californie ou encore de l'imposante baleine bleue, plus grosse que n'importe quel dinosaure. Tu rencontreras aussi des marsouins avec leur petite tête arrondie dépourvue de bec, des dauphins qui sautent et des baleines à bec, moins connues, au crâne asymétrique.

page **8** Quel est le point commun entre les phoques et les cétacés ?

Cap sur **PORTRAITS**

page **10** Les plus vieux ancêtres connus des cétacés vivaient sur terre. À quelle époque sont-ils apparus ?

Cap sur **L'ORIGINE DES CÉTACÉS**

page **12** Ils peuvent être aussi petits que toi ou plus gros qu'un bus. Mais quel est le plus gros cétacé ?

Cap sur **LES GÉANTS DES MERS**

page **14** Quelles baleines ont 252 dents et lesquelles n'en ont aucune ?

Cap sur **DENTS OU FANONS**

page **16** Quelles sont les différences entre un dauphin et un marsouin ?

Cap sur **Dauphins et marsouins**

page **18** Les océans sont peuplés de créatures étranges, notamment de baleines assez mystérieuses…

Cap sur **Des curiosités**

page **20** Quelle est la différence entre les eaux côtières et les eaux profondes ? Qui vit où ?

Cap sur **Où vivent les cétacés ?**

page **22** Comme d'autres animaux, beaucoup de grandes baleines migrent.

Cap sur **Les migrations**

page **24** Les baleines sont des mammifères, comme nous, mais elles ne ressentent pas le froid. Pourquoi ?

Cap sur **Le monde aquatique**

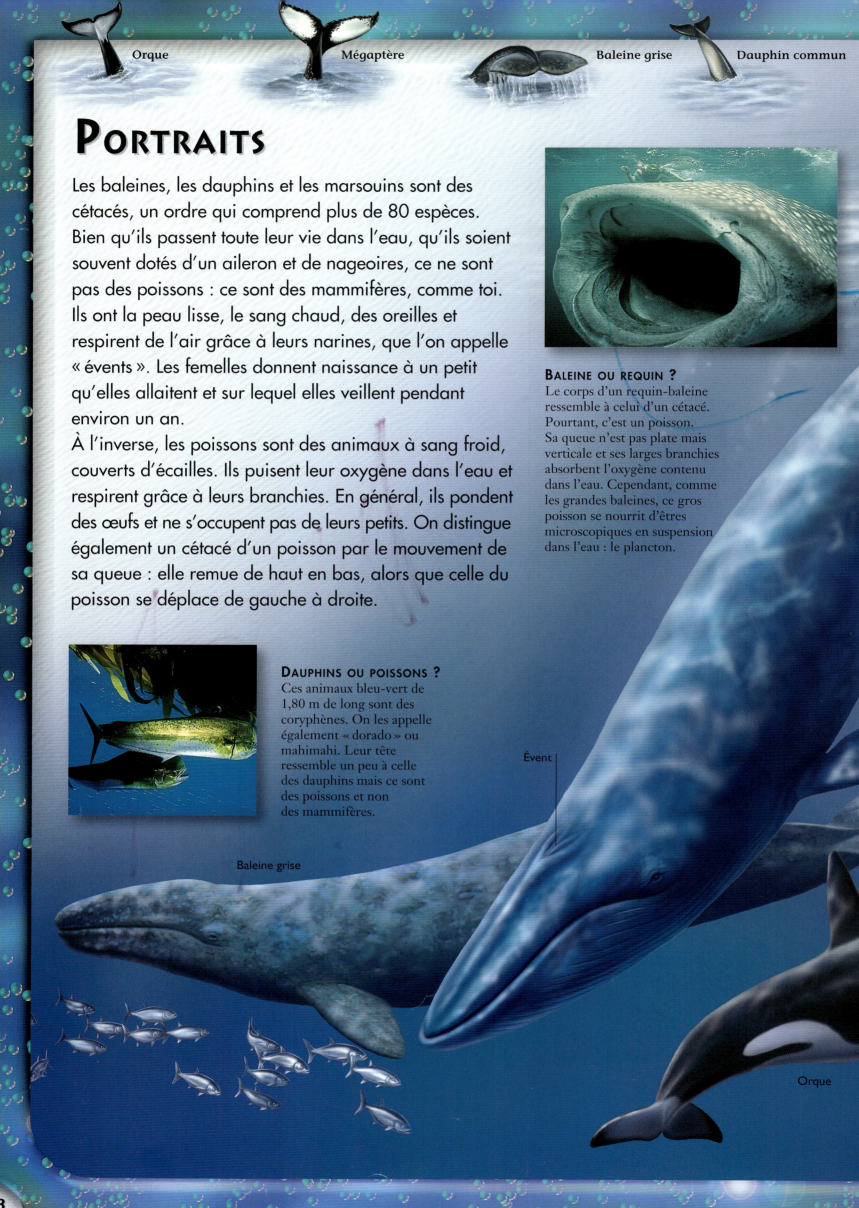

Orque • Mégaptère • Baleine grise • Dauphin commun

Portraits

Les baleines, les dauphins et les marsouins sont des cétacés, un ordre qui comprend plus de 80 espèces. Bien qu'ils passent toute leur vie dans l'eau, qu'ils soient souvent dotés d'un aileron et de nageoires, ce ne sont pas des poissons : ce sont des mammifères, comme toi. Ils ont la peau lisse, le sang chaud, des oreilles et respirent de l'air grâce à leurs narines, que l'on appelle « évents ». Les femelles donnent naissance à un petit qu'elles allaitent et sur lequel elles veillent pendant environ un an.

À l'inverse, les poissons sont des animaux à sang froid, couverts d'écailles. Ils puisent leur oxygène dans l'eau et respirent grâce à leurs branchies. En général, ils pondent des œufs et ne s'occupent pas de leurs petits. On distingue également un cétacé d'un poisson par le mouvement de sa queue : elle remue de haut en bas, alors que celle du poisson se déplace de gauche à droite.

Baleine ou requin ?
Le corps d'un requin-baleine ressemble à celui d'un cétacé. Pourtant, c'est un poisson. Sa queue n'est pas plate mais verticale et ses larges branchies absorbent l'oxygène contenu dans l'eau. Cependant, comme les grandes baleines, ce gros poisson se nourrit d'êtres microscopiques en suspension dans l'eau : le plancton.

Dauphins ou poissons ?
Ces animaux bleu-vert de 1,80 m de long sont des coryphènes. On les appelle également « dorado » ou mahimahi. Leur tête ressemble un peu à celle des dauphins mais ce sont des poissons et non des mammifères.

Baleine grise

Évent

Orque

HISTOIRE DE MOTS

• **Cétacé** vient du latin *cetus* qui signifie « grand animal marin ».

• Les **mammifères** sont une classe d'animaux qui ont un squelette osseux et allaitent leurs petits avec leurs **mamelles**. Ce mot vient du latin *mammalis*, « de la poitrine ».

INCROYABLE !

Les plus proches parents des cétacés ont des pattes pourvues de sabots ! Il s'agit des ongulés, qui comprennent des mammifères tels que les vaches ou les chevaux.

ZAPPING

• À quoi ressemblaient les ancêtres des baleines ? Étaient-ils proches des espèces d'aujourd'hui ? Réponse pages 10-11.
• Il existe des cétacés de toutes tailles mais quel est le plus gros ? → pages 12-13.
• Peut-on trouver des cétacés dans les rivières ? → page 18.

DE L'AIR

Comme tous les cétacés, le rorqual de Rudolphi passe le plus clair de son temps sous l'eau. Mais, à la différence d'un poisson, il doit remonter à la surface pour respirer. Il sort donc la tête de l'eau et aspire de l'air par les deux évents qui se trouvent au sommet de sa tête.

Rorqual de Rudolphi

D'AUTRES MAMMIFÈRES MARINS

D'autres mammifères vivent dans l'eau comme les baleines. Ce sont les siréniens, qui comprennent les dugongs et les lamantins (ou vaches de mer), et les pinnipèdes, tels que les morses, les otaries et les phoques. Les pinnipèdes vivent à la fois sur terre et dans l'eau.

L'otarie chasse en mer et vit sur terre. Gracieuse dans l'eau, elle nous paraît maladroite lorsqu'elle se sert de ses quatre nageoires pour se déplacer sur terre.

Le phoque parcourt l'océan pour se nourrir de poissons. Comme tous les pinnipèdes, il sort de l'eau pour se reposer, se reproduire ou se dépouiller de son épaisse fourrure.

GROS PLAN

CACHE-CACHE

Étudier des animaux qui passent 70 à 90 % de leur temps sous l'eau n'est pas chose facile. Beaucoup de cétacés vivent dans des endroits isolés et plongent à de grandes profondeurs. De plus, lorsqu'un cétacé fait surface, presque tout son corps reste caché. Il est encore plus difficile de les voir en cas de houle ou de mauvais temps. Imagine ce qu'a ressenti Peter Gill (photo) quand, raconte-t-il, « une baleine bleue qui se nourrissait à environ 100 m a commencé à nager vers le bateau. À 15 m de moi, elle a plongé et j'ai regardé cet énorme animal luisant, bleu-vert, passer lentement au-dessous de moi. Ça m'a semblé durer des heures ».

Le dugong vit uniquement dans des eaux chaudes et peu profondes où il évolue lentement et se nourrit de zostères (herbes marines).

Baleine franche australe   Baleine bleue

Les ancêtres

Le *Mesonyx* est probablement le plus vieux mammifère connu proche des cétacés. Le crâne du *Protocetus* illustre clairement l'allongement du rostre, typique des baleines archaïques.

Crâne de *Mesonyx*   Crâne de *Protocetus*

L'origine des cétacés

Pendant près de 180 millions d'années, les dinosaures ont régné sur la Terre ; les océans, quant à eux, étaient dominés par des reptiles aquatiques. Mais tous les dinosaures, de nombreux reptiles et d'autres animaux ont disparu il y a environ 65 millions d'années. Cela a permis à un autre groupe d'animaux, les mammifères, de se développer.

Dans ce milieu sans dinosaures, les mammifères ont évolué rapidement et se sont diversifiés. Les ancêtres des cétacés, les baleines archaïques, sont apparus il y a 50 millions d'années et ont peu à peu colonisé les océans. Leurs pattes arrière ont disparu, leurs pattes avant se sont transformées en nageoires pectorales et leur queue en nageoire caudale. Il y a 30 à 35 millions d'années, deux types de cétacés sont apparus : les baleines à dents et les baleines à fanons.

Des terriens

Il y a 65 millions d'années, les mammifères étaient de la taille d'un rat ou d'une souris. Les plus anciens ancêtres connus des cétacés vivaient il y a environ 50 millions d'années. Il s'agissait de mammifères terrestres carnivores, probablement de la taille d'un chien comme le *Mesonyx*.

Un air de famille

Les dorudontidés, qui vivaient il y a 25 millions d'années, ressemblaient aux dauphins actuels : ils avaient un corps hydrodynamique et un aileron dorsal. Leurs narines étaient situées au sommet de leur tête.

Les premiers filtreurs d'eau

Les ancêtres des baleines à fanons possédaient des dents et se nourrissaient par filtration de l'eau, comme le Mammalodon, apparu il y a 23 millions d'années. Ils avaient probablement des fanons rudimentaires entre les dents.

Chronologie

Les fossiles des baleines archaïques sont présents dans des roches qui datent de l'ère tertiaire.
(ma = millions d'années)

Trias	Jurassique	Crétacé	Tertiaire	Quaternaire
	Mésozoïque		Cénozoïque	
248 ma	208 ma	144 ma	65 ma	2 ma 0

HISTOIRE DE MOTS

• Un **fossile** (du latin *fossilis*, « tiré de la terre ») est un reste ou une empreinte de plante ou d'animal qui a durci.
• Un **paléontologue** (du grec *paleo*, « ancien », et *logos*, « science ») étudie les fossiles.

INCROYABLE !

Les ancêtres des baleines actuelles étaient dotés de pattes arrière, vestiges du temps où elles vivaient sur terre. Hors de l'eau, certains d'entre eux se déplaçaient sans doute comme les otaries.

ZAPPING

• Qu'est-ce qui différencie les baleines à dents et les baleines à fanons ? Réponse pages 14-15.
• Qu'est-ce que l'écholocation ?
→ pages 36-37.

RECONSTITUTION D'UN SQUELETTE

Les os de cette baleine bleue ont été minutieusement assemblés afin de reconstituer son squelette. Les paléontologues peuvent aussi, à partir de fossiles, imaginer à quoi ressemblaient les ancêtres des baleines actuelles afin de mieux comprendre leur mode de vie.

GROS PLAN
UNE BALEINE SUR LA TERRE FERME

En 1849, dans le Vermont (États-Unis), des cheminots ont mis au jour les os d'un animal mystérieux. Ils firent appel à des paléontologues qui identifièrent un béluga, baptisé Charlotte, du nom de la ville près de laquelle il fut découvert. Aujourd'hui, les bélougas vivent dans les eaux glacées de l'Arctique. Pourtant, Charlotte fut retrouvée dans le Vermont, à 240 km de l'océan le plus proche. Mais, lorsqu'elle est morte, il y a 11 000 ans, la mer de Champlain recouvrait toute cette région. Par la suite, cette zone s'est retrouvée au-dessus du niveau de la mer et c'est pour cela que le squelette a pu être retrouvé.

ZOOM SUR LE TERTIAIRE

On retrouve des fossiles de baleines archaïques dans les roches de l'éocène. Les cétacés actuels existent depuis l'oligocène.

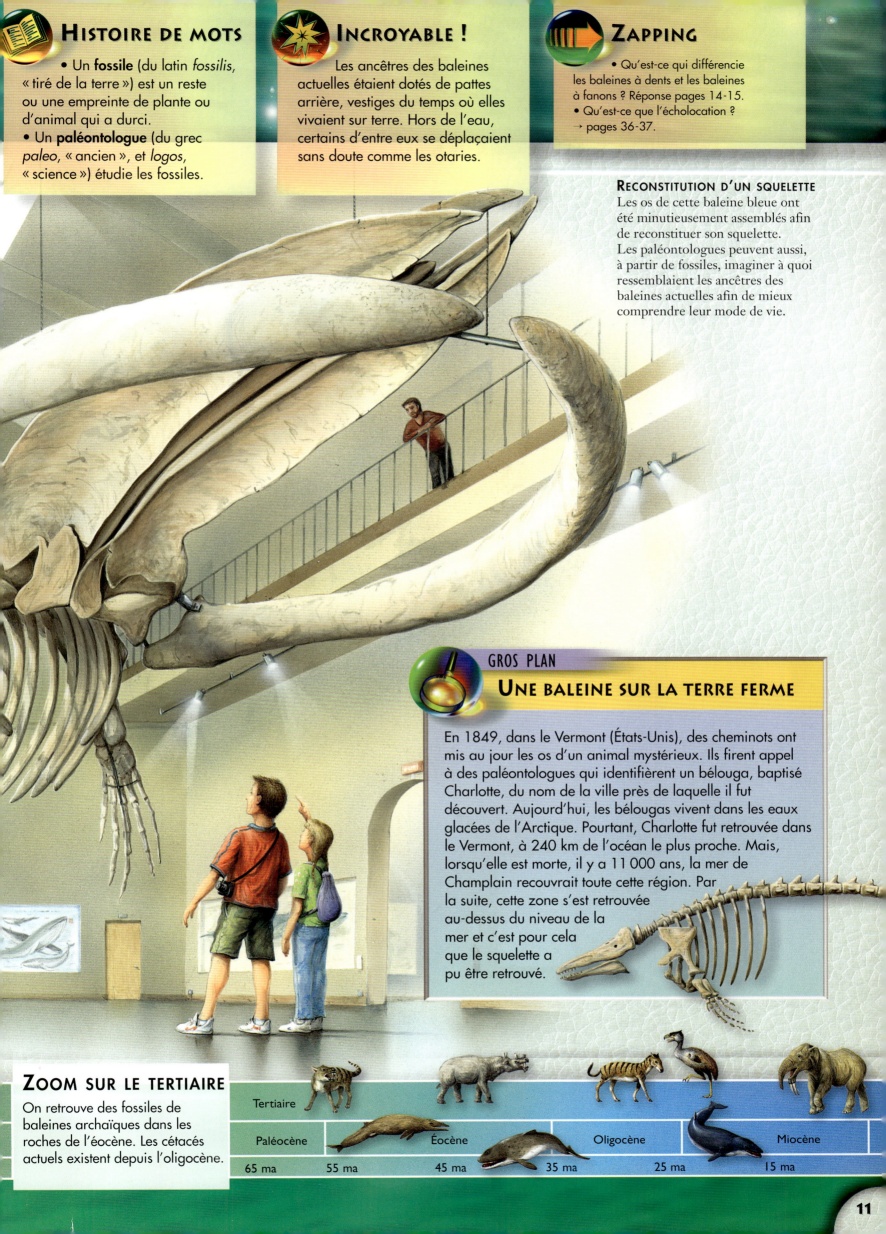

Tertiaire

Paléocène	Éocène	Oligocène	Miocène
65 ma	55 ma / 45 ma	35 ma / 25 ma	15 ma

Nageoire dorsale falciforme — Nageoire dorsale incurvée — Nageoire dorsale arrondie

Les géants des mers

Tous les cétacés ne sont pas forcément très gros, mais certains peuvent être vraiment gigantesques. Si les baleines peuvent atteindre de telles proportions, c'est parce que leur corps est supporté par l'eau. Dans l'air, le squelette de ces animaux colossaux ne pourrait pas résister à leur poids.

Quelle que soit leur taille, les cétacés ont tous des caractéristiques communes. Leur corps est lisse et hydrodynamique. Ils emmagasinent de l'énergie sous forme d'une couche de graisse qui leur sert aussi d'isolant pour conserver la chaleur. La plupart des cétacés ont un aileron dorsal qui contribue à assurer leur stabilité dans l'eau, d'autres ont des crêtes ou des bosses à la place. Les nageoires pectorales situées de chaque côté sont aplaties et servent de gouvernail. Les lobes de la queue remuent de haut en bas et de bas en haut pour les propulser.

Différences familiales
As-tu remarqué l'incroyable différence de taille entre cette baleine franche australe et les grands dauphins qui évoluent à ses côtés ? Ces deux espèces appartiennent pourtant au même ordre : ce sont des cétacés.

À toi de jouer

Une question de taille

Un mégaptère peut atteindre 19 m de long. Peux-tu imaginer quelle longueur cela représente ? Pour t'en faire une idée, réunis quelques amis et mesure-les avec un mètre ruban. Additionne leurs tailles. Est-ce suffisant pour atteindre la taille du mégaptère ? Si ce n'est pas le cas, tes amis et toi pouvez former une orque de 9 m.
Allongez-vous tous en vous alignant, par exemple dans un parc (car ton jardin risque d'être trop petit) pour voir la taille de votre baleine. Une baleine bleue peut être deux fois plus longue qu'un mégaptère. Combien de copains te faut-il pour parvenir à la taille d'une baleine bleue ?

La « grande bleue »
La baleine bleue est l'animal le plus gros du monde. Elle pèse 26 fois plus lourd qu'un éléphant d'Afrique et son cœur est de la taille d'une petite voiture. Les plus grosses de toutes sont les baleines bleues femelles car, chez les baleines à fanons, les mâles sont toujours plus petits que les femelles.

Cachalot (20 m)

Mégaptère (19 m)

Histoire de mots

Qu'est-ce qui distingue une baleine d'un dauphin ? Et d'un marsouin ? Les **baleines** mesurent en général plus de 3 m. Les **dauphins** sont plus petits et les **marsouins** encore plus. Mais il existe au moins trois espèces de baleines qui font moins de 3 m, et un ou deux marsouins plus gros que des dauphins…

Incroyable !

Si les éléphants avaient un squelette aussi léger que celui des baleines, ils ne pourraient pas tenir debout. Leurs pattes se briseraient sous leur poids. Et si une grande baleine devait vivre en partie sur terre, elle s'écroulerait sous son poids.

Zapping

- Quels sont les plus petits cétacés ? Réponse pages 16-17.
- Comment les baleines géantes peuvent-elles nager si gracieusement ? → pages 32-33.
- Autrefois, certains grands cétacés étaient considérés comme de redoutables monstres marins. Veux-tu en savoir plus ? → pages 50-51.

Les organes internes

Les cétacés (ici, un dauphin commun) ont les mêmes organes que les autres mammifères : un cœur, des poumons, un foie et un estomac.

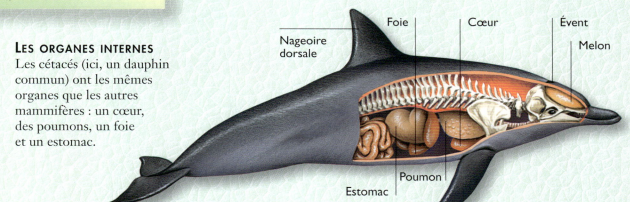

Foie — Cœur — Évent — Melon — Nageoire dorsale — Poumon — Estomac

Baleine franche du Groenland (15 m)
Orque (9 m)
Homme de 1,80 m
Petit rorqual (10 m)
Marsouin de Californie (1,50 m)

Comparaisons

Il existe des cétacés de toutes tailles. Le plus petit, le marsouin de Californie, arrive à l'épaule d'un homme de 1,80 m et le plus gros, la baleine bleue, mesure 18 fois la taille d'un humain.

Dents ou fanons

On distingue les baleines à dents (odontocètes) et les baleines à fanons (mysticètes).
Les baleines à fanons n'ont pas de dents : elles ont des lames cornées garnies de franges, constituées de kératine, la même matière que celle des ongles. Ces fanons sont fixés à la mâchoire supérieure et forment des peignes qui agissent comme un filtre. Lorsque la baleine aspire de l'eau et des proies minuscules, l'eau s'écoule, tandis que la nourriture est retenue par les fanons.
C'est en avalant d'énormes quantités de plancton que les 11 espèces de baleines à fanons sont devenues des « géants des mers ».
Les baleines à dents (dauphins, marsouins, cachalots, narvals, etc.) sont souvent plus petites. Leurs dents (entre 2 et 252) ont des formes et des tailles différentes. Les évents permettent aussi de distinguer ces deux types de cétacés : les baleines à dents en ont un et les baleines à fanons deux, avec un « garde-boue » pour empêcher l'eau de rentrer.

LA FORME DES DENTS
Des fossiles ont montré que les ancêtres des baleines à dents étaient pourvus de dents triangulaires. Aujourd'hui, la plupart d'entre elles ont des dents en forme de cône situées sur leurs mâchoires inférieure et supérieure.

À TOI DE JOUER
LE FONCTIONNEMENT DES FANONS

Mets une poignée de haricots secs, de riz, de sable et de sel dans un grand récipient et ajoute de l'eau. Mélange tes ingrédients. Place une passoire dans un évier ou une bassine. Imagine que le dessus de la passoire est la bouche d'une baleine et observe ce qui se passe lorsque tu y verses la « nourriture » contenue dans le récipient. L'eau s'écoule à travers les fanons mais les haricots et une grande partie du riz restent à l'intérieur, prêts à être avalés. Voilà comment fonctionnent les fanons d'une baleine. Mais qu'en est-il du sable et du sel ?

HISTOIRE DE MOTS

- **Odontocète** vient du grec *odont*, « dent », et du latin *cetus*, « grand animal marin ». **Mysticète** vient du grec *mustak*, « moustache », et fait référence aux fanons qui évoquent une sorte de « moustache ».
- Les **fanons** n'ont pas une consistance osseuse : ce sont des lames flexibles et non rigides.

INCROYABLE !

La lèvre inférieure et les fanons du rorqual commun sont gris à gauche et blancs à droite. On ignore pourquoi sa bouche est bicolore. Le blanc, dans le noir de l'océan, effraie peut-être les proies et permet de les capturer facilement.

ZAPPING

- Comment les baleines à dents et les baleines à fanons s'alimentent-elles ? Réponse pages 30-31.
- Comment un dauphin peut-il capturer une proie sans la voir ? Qu'est-ce que l'écholocation ? → pages 36-37.

FILTRATION PASSIVE

Les baleines franches du Groenland sont celles qui possèdent les plus longs fanons. Elles nagent la bouche entrouverte, en avalant passivement l'eau de mer ; la filtration, en revanche, est active : la langue sert de piston, ce qui retient la nourriture dans les fanons. Ces baleines peuvent consommer jusqu'à 50 000 petits crustacés par minute.

DES VERRUES GÉANTES

Les renflements semblables à des verrues situés sur la tête des baleines franches portent le nom de « callosités ». La disposition de ces excroissances cornées permet aux scientifiques d'identifier les différents individus de cette espèce.

FANONS OU DENTS

Les baleines à dents et les baleines à fanons ont des habitudes alimentaires différentes. Mais il y a d'autres manières de les distinguer. Leur taille varie, de même que la forme de leur sternum, de leurs côtes et de leur crâne.

DAUPHIN FUSELÉ

Les baleines à dents (ici, un lagénorhynque à flancs blancs de l'Atlantique) ont un corps fuselé qui leur permet de nager vite pour capturer leurs proies.

BALEINE TRAPUE

Les baleines à fanons (ici, une baleine pygmée) sont plus trapues : elles n'ont pas besoin de se déplacer vite pour se nourrir. La mâchoire supérieure, qui accueille les fanons, est très incurvée.

Dauphin de Commerson   Dauphin d'Hector

DAUPHINS ET MARSOUINS

La famille des dauphins, les delphinidés, regroupe des espèces différentes par leur forme et leur taille, du grand dauphin rieur que l'on voit dans les baleinariums à l'orque, la « baleine tueuse ». En général, les dauphins sont élancés, avec un front renflé (melon) et un bec proéminent (rostre). À l'exception de deux espèces, ils ont un aileron dorsal. Beaucoup ont des dessins sur le corps (points, rayures, etc.), mais certains sont gris ou marron uniformes. Les dauphins aiment vivre en groupes. On les trouve dans les eaux tropicales et dans les mers glaciales, près des côtes et en pleine mer.

Les marsouins ne sont pas des dauphins : ils composent la famille des phocénidés. Ils ont une tête arrondie dépourvue de bec, de petites nageoires et des dents plates coupantes en forme de spatule. Plus petits et plus trapus que la plupart des dauphins, ils vivent plutôt près des côtes. Mais, tout comme les dauphins, ce sont des baleines à dents et des animaux sociaux.

BLESSURES DE GUERRE
Les dauphins vivent en groupes mais, parfois, ils se battent. Ces dauphins de Risso portent les cicatrices de combats ou de rituels d'accouplement au cours desquels ces cétacés déchirent la peau de leurs congénères avec leurs dents.

 GROS PLAN

UN DAUPHIN À LA RESCOUSSE

Des plongeurs travaillaient leurs techniques de sauvetage. Un dauphin appelé Donald trouva cela très drôle et ne cessa de donner des coups de tête et de séparer les plongeurs, les obligeant à arrêter leur entraînement.
Plus tard, les plongeurs se rendirent près d'une épave située à proximité. L'un d'entre eux eut des problèmes. Il parvint à remonter à la surface et à faire signe à quelqu'un sur le bateau, puis coula. La personne nagea à son secours, Donald aussi. Il avait compris que, cette fois, ce n'était pas un jeu. Il soutint le plongeur pour le maintenir à la surface et aida à le remonter sur le bateau. Donald est l'un des nombreux dauphins à avoir sauvé des humains de la noyade.

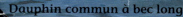
Dauphin commun à bec long

HISTOIRE DE MOTS

Dauphin vient du latin *delphinus*. **Marsouin** est issu de l'ancien scandinave *marsvin*, « porc de mer », car son museau ressemble à celui d'un cochon. **Marsouiner** fait référence à la nage rapide pratiquée par les dauphins et les marsouins.

INCROYABLE !

Les dauphins et les marsouins ont souvent l'air de sourire. Mais, en réalité, c'est leur manière d'écouter : ils poussent vers l'avant leur mâchoire inférieure qui fonctionne comme une oreille ultrasensible. Donc, quand ils semblent sourire, ils essaient de capter les sons émis par leurs congénères.

ZAPPING

- Les différents cétacés communiquent en grognant, en gémissant, en éructant, en beuglant ou même en chantant. Veux-tu en savoir plus ? Réponse pages 38-39.
- Comment mesurer l'intelligence des dauphins ? Est-elle comparable à la nôtre ? → pages 40-41.

SAUT EN HAUTEUR
Comme de nombreux autres dauphins, le lagénorhynque à flancs blancs du Pacifique aime sauter. Les dauphins font des bonds lorsqu'ils sont excités ou s'amusent, mais également pour communiquer. Le lagénorhynque obscur, par exemple, saute lorsqu'il rencontre un banc de poissons, probablement pour signaler aux autres la présence de nourriture.

LES MARSOUINS
Les six espèces de marsouins comprennent le plus petit des cétacés, le marsouin de Californie, ainsi que le plus rapide, le marsouin de Dall. Il est très rare de croiser un marsouin de Burmeister ou de Cuvier, et presque impossible de voir un marsouin à lunettes. En revanche, le marsouin commun visite souvent les ports de l'hémisphère Nord.

MARSOUIN DE DALL
Le marsouin de Dall est le plus rapide de tous les cétacés.

MARSOUIN À LUNETTES
Ce marsouin doit son nom à ses taches noires cerclées de blanc autour des yeux.

MARSOUIN DE CUVIER
Ce marsouin vit dans les eaux côtières, les rivières et les estuaires d'Asie.

NAGER AVEC LES DAUPHINS
Aux Bahamas, les dauphins tachetés de l'Atlantique nagent avec les humains. Ce sont de petits dauphins (2,30 m) qui font malgré tout 50 cm de plus qu'un homme.

MARSOUIN COMMUN
Le marsouin commun fréquente souvent les ports et les baies.

Lagénorhynque à bec blanc

Baleine à bec de Cuvier   Bérardie de Baird   Baleine de Sowerby

Des curiosités

Les narvals et les bélougas sont parmi les plus étranges des cétacés. Ils vivent dans les eaux glacées autour du cercle polaire arctique et nagent souvent ensemble. Gris pâle à la naissance, les bélougas deviennent d'un blanc éclatant en grandissant. Les narvals ont deux canines supérieures ; chez les mâles, celle de gauche pousse à travers la lèvre supérieure, formant une défense en spirale de 2 à 3 m de long.

Difficiles à observer, les baleines à bec sont le groupe de cétacés le moins bien connu. Elles sont farouches et vivent souvent en haute mer. Elles possèdent un crâne asymétrique et un bec fin.

Parmi les cétacés rares, on trouve enfin cinq espèces de dauphins d'eau douce. Ces petits mammifères nagent lentement, ont des yeux minuscules et sont presque aveugles. Ils se procurent leur nourriture grâce à leur très long bec garni de dents qui peut se refermer rapidement sur un poisson dans les rivières vaseuses d'Asie ou d'Amérique du Sud.

Vive le groupe !
Les bélougas sont des animaux très sociaux. Ils passent l'été en groupes de 1 000 individus ou plus à se nourrir, s'occuper de leurs petits et enlever leur peau morte dans des eaux peu profondes. En hiver, ils migrent en plus petits groupes (de 5 à 20 spécimens).

Duel
Ces deux narvals mâles se battent à l'aide de leur défense. Pour les jeunes mâles, c'est un jeu mais les plus vieux peuvent se transpercer en s'affrontant pour une femelle. Il arrive que des mâles soient dotés de deux défenses.

De curieuses dents…
Les mésoplodons de Layard mâles ont deux dents sur la mâchoire inférieure qui poussent et encadrent la mâchoire supérieure. Ils peuvent donc difficilement ouvrir la bouche. Selon les scientifiques, ces dents ne servent pas à manger mais à se battre.

Changement de couleur
Le dauphin de l'Amazone, ou boutou, est gris à la naissance, puis devient gris-bleu, blanc cassé ou rose. Ce changement de couleur varie selon le spécimen et son âge : certains sont plus roses que d'autres.

Histoire de mots

- **Bélouga** vient du russe *byelyi*, « blanc », et *byelukha*, « baleine ». Les baleiniers le surnommaient « canari de mer » car c'est un cétacé très bruyant.
- Le **narval** vient du scandinave *nahvalr*, « baleine morte », à cause de son ventre pâle comme un cadavre.

Incroyable !

Lorsque l'Amazone déborde, le boutou (espèce de dauphin) quitte le fleuve et part à la recherche de nourriture dans les arbres et les herbes de la forêt pluviale inondée. Son cou flexible et ses nageoires lui permettent de nager entre les branches.

Zapping

- Qu'a de particulier le système sensoriel des baleines à dents ? Réponse pages 36-37.
- Quels cétacés sont très sociaux et vivent en groupes de centaines, voire de milliers d'individus ? → pages 44-45.

Gros plan

Sur les traces des baleines à bec

Les baleines à bec sont les cétacés les moins connus de tous car elles ne s'approchent pas des côtes, mènent une vie solitaire et se nourrissent dans les grands fonds. De fait, beaucoup d'espèces de ce groupe n'ont jamais été vues vivantes. Ainsi, on ne connaissait la baleine de Longman que grâce à deux crânes : un retrouvé sur une plage australienne et l'autre dans une décharge somalienne.
Lorsqu'un nouveau-né s'est échoué en Afrique du Sud en 1976, une analyse d'ADN a été nécessaire pour découvrir qu'il s'agissait d'une baleine de Longman. Il s'agit du premier spécimen complet jamais retrouvé de cette baleine très discrète.

Étranges créatures

Les océans regorgent de créatures étranges qui se sont adaptées pour survivre. Plus ils vivent en profondeur, plus ces animaux nous paraissent étranges.

La baudroie abyssale
Elle vit dans les profondeurs sombres des océans. La femelle attire les autres poissons grâce à un leurre lumineux fixé sur sa tête, puis les dévore.

L'hippocampe
Grâce à sa peau, semblable à un feuillage, cet hippocampe, surnommé « dragon des mers », se fond dans les algues. Chez cette espèce, ce sont les mâles qui portent les œufs.

Le coffre à quatre cornes
Ce poisson fluorescent est lent et timide. Mais il sait se défendre grâce à ses aiguillons, à sa chair empoisonnée et à une toxine mortelle qu'il peut injecter.

Baleine franche de Biscaye  Marsouin de Dall  Rorqual de Bryde

Où vivent les cétacés ?

On trouve des cétacés dans toutes les mers. Le monde marin se compose de nombreux habitats, de la surface aux fonds ténébreux, de l'équateur aux pôles. Du plateau continental, peu profond, on passe au talus continental et, enfin, au plancher océanique, qui se trouve à au moins 4 km de la surface de l'eau. La température varie aussi : chaude dans les régions tropicales, tiède dans les zones tempérées, glaciale aux pôles.

Certains cétacés peuvent vivre presque partout. L'orque et le petit rorqual peuplent tous les océans. Un grand dauphin peut se plaire aussi bien dans une baie abritée qu'à des kilomètres de la terre ferme. Mais certains cétacés privilégient un lieu particulier : pour le dauphin d'Hector, il s'agit des rivages néo-zélandais, pour le marsouin de Californie, du golfe de Californie, au Mexique. Les dauphins d'eau douce ne fréquentent presque pas les océans et certains cétacés se nourrissent et se reproduisent dans des habitats différents.

BALEINES DES EAUX CHAUDES
Les baleines à fanons sont de grandes voyageuses. Elles migrent entre les eaux glaciales et les eaux chaudes tropicales. Seuls les rorquals de Bryde se déplacent peu, voire pas du tout, préférant rester dans les eaux chaudes tropicales et subtropicales.

DES ORQUES AUX QUATRE COINS DU MONDE
Les orques se plaisent partout : on les trouve aussi bien près des côtes qu'en pleine mer, de l'équateur aux deux pôles. Ces deux habitantes des régions polaires pratiquent le « spyhop » (« coup de périscope »), qui consiste à sortir la tête de l'eau pour regarder autour d'elles avant de regagner les profondeurs.

DES MÈRES PROTECTRICES
Les baleines franches australes se reproduisent près du rivage. Entre mai et novembre, on peut voir des mères nager avec leurs nouveau-nés du haut de certaines falaises au Chili, en Argentine, en Afrique du sud ou dans le sud de l'Australie.

 Orque

HISTOIRE DE MOTS

- **Océan** vient du grec *okeanos*, « cours d'eau ». Les Grecs anciens pensaient que la Terre était entourée d'un grand fleuve.
- **L'habitat** (du latin *habitare*, « habiter ») est le milieu naturel dans lequel vit une plante ou un animal.

INCROYABLE !

Les bélougas et les baleines franches du Groenland peuvent survivre sous la banquise. Ils peuvent nager sur plus de 1,5 km sous l'épaisse croûte gelée et, s'ils ne trouvent pas de trou pour respirer, ils le font eux-mêmes. Les bélougas se servent de leur dos pour briser la couche de glace.

ZAPPING

- Certains cétacés se nourrissent à un endroit et mettent bas à un autre. Comment se déroulent leurs migrations ? Réponse pages 22-23.
- À quelle profondeur le cachalot plonge-t-il pour se nourrir ? → pages 24-25.
- Certains cétacés ne nagent jamais librement. Veux-tu en savoir plus sur les baleines en captivité ? → pages 58-59.
- Veux-tu apprendre à observer les baleines ? → pages 60-61.

À TOI DE JOUER
RECONSTITUE UNE MER POLAIRE

Prends cinq ou six sacs en plastique. Remplis-en certains à moitié avec de l'eau et les autres au tiers. Attache les extrémités avec un nœud. Mets les sacs au congélateur, entre des blocs de petits pois surgelés, par exemple, pour leur donner une forme amusante. Laisse-les toute la nuit. Le lendemain, remplis une bassine d'eau aux trois quarts, ajoute du sel, puis places-y tes icebergs. Observe la façon dont ils flottent et la quantité de glace qui reste hors de l'eau. Imagine que tu es une baleine vivant dans l'Arctique et que tu essaies de te déplacer sans heurter les blocs de glace qui t'entourent. Comment ferais-tu, surtout s'il faisait trop sombre pour voir sous l'eau ?

MILIEUX OCÉANIQUES

Les océans abritent de nombreux habitats : vasières, plates-formes rocheuses, estuaires et marécages, récifs de corail, eaux profondes, froides et sombres, etc.

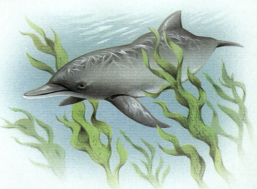

CHAMP DE LAMINAIRES GÉANTES
Il s'agit d'une jungle d'algues géantes, qui se développe dans des eaux côtières froides et éclairées par le soleil.

CÔTES ROCHEUSES
Les eaux côtières bleu-vert peu profondes regorgent de plancton et de poissons. Les côtes rocheuses offrent aux cétacés de la nourriture et une certaine protection.

FONDS MARINS
Les eaux profondes sont froides, sombres et peuplées de poissons transparents et de calmars géants, qui sont la proie des cachalots.

Les migrations

Certains cétacés passent l'été dans l'Arctique ou dans l'Antarctique, où leur nourriture est abondante, et gagnent des eaux plus chaudes lorsque la température baisse. Comme les animaux représentés en haut et en bas de la page, les cétacés entreprennent alors un long voyage. En groupes, ils nagent pendant 2 à 3 mois, s'arrêtant juste pour se reposer, jusqu'à atteindre leur aire de reproduction, sous les tropiques. Ils y restent tout l'hiver pour s'accoupler, mettre bas et élever leurs petits. Dès le retour du beau temps, ils repartent vers les eaux polaires.
Presque toutes les baleines à fanons font cet incroyable voyage. Certaines baleines à dents migrent aussi. Les cachalots mâles font l'aller et retour du pôle aux tropiques tous les ans, et les bélougas traversent le cercle polaire arctique.

Ceux qui restent
Si la plupart des petits rorquals gagnent les mers chaudes en hiver pour se reproduire, certains restent dans les régions froides. Il s'agit souvent de ceux qui ne sont pas prêts à se reproduire. Ils se nourrissent abondamment et stockent leur énergie pour l'année suivante.

En quête de nourriture
Le globicéphale pilote n'est pas un migrateur : c'est un nomade. Les nomades couvrent des distances bien plus courtes que les cétacés migrateurs et voyagent souvent pour suivre leur nourriture ; dans ce cas, il s'agit de calmars qui se déplacent avec le courant.

Les grands migrateurs
Tous les ans, les baleines grises (à droite, une femelle et son petit) parcourent les 5 000 km qui séparent le Mexique de l'Alaska, et inversement. Elles commencent à voyager dès l'âge de 2 mois. Celles qui atteignent l'âge de 40 ans auront parcouru à la nage environ la distance de la Terre à la Lune.

- Mégaptère : aire de reproduction
- Mégaptère : aire d'alimentation
- Baleine franche : aire de reproduction
- Baleine franche : aire d'alimentation
- Baleine grise : aire de reproduction
- Baleine grise : aire d'alimentation
- Route migratoire

Histoire de mots

- **Migrer** vient du latin *migrare*, « se déplacer d'un endroit à un autre, changer ».
- Les cétacés **nomades** (du grec *nomas*, « qui fait paître ») ne migrent pas en suivant un itinéraire précis. Ils semblent aller là où la nourriture les conduit !

Incroyable !

Les grandes baleines peuvent doubler leur poids pendant la saison d'alimentation. Lors de la migration, elles peuvent jeûner pendant 8 mois grâce à l'énergie stockée dans leur couche de graisse.

Zapping

- En quoi les cétacés sont-ils parfaitement adaptés à la vie aquatique ? Réponse pages 24-25.
- Comment se nourrissent les cétacés ?
→ pages 30-31.
- Qu'est-ce que l'écholocation ?
→ pages 36-37.

Gros plan

Compter les baleines

Il est difficile de dénombrer les baleines. Comme elles passent le plus clair de leur temps sous l'eau, on risque de compter deux fois le même individu. La solution est le recensement aérien. Des chercheurs canadiens utilisent cette technique pour dénombrer les bélougas du Saint-Laurent. Ils survolent la région dans un petit avion sous lequel est fixé un appareil photo. Ils comptent ensuite les bélougas repérés sur les photos et procèdent à des estimations incluant ceux qui ne sont pas sur les photos car ils étaient sous l'eau au moment où elles ont été prises. Au dernier recensement, il y avait environ 1 000 bélougas dans cette région, soit seulement 20 % de la population identifiée il y a 100 ans, mais leur nombre paraît stable.

Depuis l'espace

Pour savoir où les bélougas du Nord-Est canadien migraient pendant l'hiver, des scientifiques ont fixé un émetteur radio sur un bélouga, qui a envoyé des signaux à un satellite. Comme les bélougas voyagent en groupes, ils n'ont eu besoin de suivre qu'un spécimen pour savoir où se dirigeait le groupe : au Groenland.

Le scientifique fixe un émetteur radio sur le bélouga.

Le satellite reçoit des signaux du bélouga à travers l'espace.

La scientifique reconstitue l'itinéraire des bélougas.

Gnou

Poisson indien   Zostère   Éponge   Poisson-lime

LE MONDE AQUATIQUE

Les cétacés sont parfaitement adaptés à la vie aquatique. Leur corps est fuselé et leur peau soyeuse, lisse et flexible, sans plis, et pratiquement sans poils. Cette forme hydrodynamique facilite les déplacements dans l'eau, dans laquelle il est beaucoup plus difficile de se mouvoir que dans l'air (marcher dans une piscine demande des efforts !).

La peau est protégée par des substances huileuses. Juste en dessous, une couche de graisse permet aux cétacés de conserver leur chaleur dans les eaux froides et de stocker de l'énergie.

Les cétacés peuvent aussi plonger très profondément en ralentissant les battements de leur cœur pour économiser de l'oxygène, sans souffrir de la pression croissante de l'eau qui donne aux hommes la « maladie des caissons ».

Grâce à toutes ces adaptations, les cétacés sont les seuls mammifères, avec les lamantins et les dugongs, capables de vivre exclusivement dans l'eau.

LES DEUX VARIÉTÉS DE TUCUXIS
Certains tucuxis aiment l'eau douce et d'autres, l'eau salée. Les premiers vivent dans des fleuves d'Amérique du Sud, comme l'Amazone et l'Orénoque. Les seconds fréquentent les eaux côtières de l'océan Atlantique. Ils sont plus gros et plus foncés que leurs cousins d'eau douce.

DANS LES EAUX PEU PROFONDES
Les dauphins à bosse du Pacifique vivent près des côtes, du sud de l'Afrique à l'Asie et au nord de l'Australie. Ils passent leur temps à chercher des poissons et des crustacés dans les eaux chaudes et peu profondes des marécages, des mangroves, des lagons et des estuaires. Parfois, ils remontent un peu les cours d'eau.

À TOI DE JOUER
PROTECTION CONTRE LE FROID

Remplis une bassine d'eau froide et plonges-y les mains. Combien de temps peux-tu les y laisser avant que ce soit trop froid ? Vide la moitié de l'eau et ajoute des glaçons. Remets ta main dedans. Combien de temps peux-tu tenir ? Essuie ta main et mets un gant en caoutchouc ou un sac en plastique. Cette fois, peux-tu résister plus de temps ? Mets un gant de laine sous le gant en caoutchouc ou le sac en plastique et replonge ta main. Est-ce supportable plus longtemps ? Probablement. C'est le secret des cétacés pour se maintenir au chaud dans des eaux glacées : leur couche de graisse remplit la même fonction que le caoutchouc et la laine dans ton expérience.

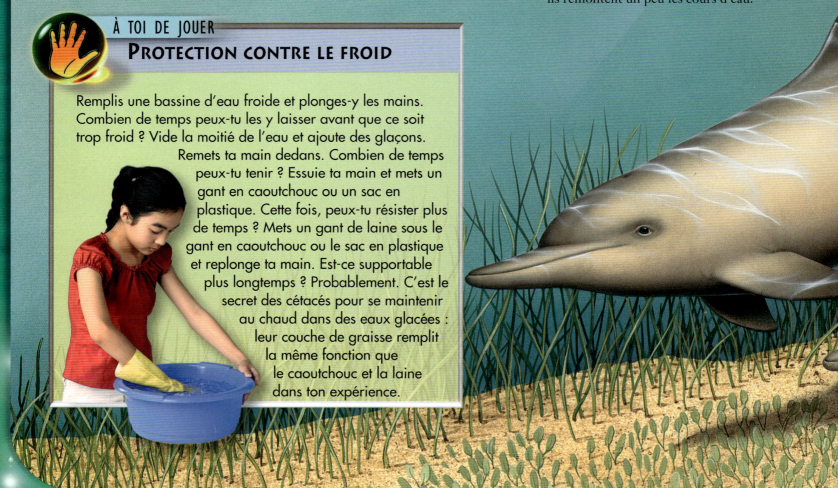

HISTOIRE DE MOTS

La **« maladie des caissons »** provoque une douleur atroce au niveau des muscles et des articulations. Lorsque l'organisme est soumis à des variations brutales de la pression de l'air, des bulles d'azote se forment dans le sang.

INCROYABLE !

Lorsqu'un cétacé a trop chaud, le sang chaud est transporté par les artères vers les nageoires, l'aileron et la queue. Ces zones étant fines et dépourvues de graisse, la chaleur se dissipe vite dans l'eau et le sang ainsi refroidi repart vers le reste du corps.

ZAPPING

• Comment font les cétacés pour nager avec autant d'aisance malgré leur poids ? Réponse pages 32-33.
• Il arrive que certaines baleines s'échouent sur le rivage. Comment est-ce possible ? → pages 56-57.

DE LA SURFACE AUX GRANDS FONDS

Le franciscain aime les eaux peu profondes. Le dauphin commun à bec court évolue entre la surface et 100 m de profondeur, tandis que le globicéphale à nageoires courtes descend trois fois plus bas pour trouver du krill. Et le cachalot se nourrit de calmars géants provenant des grands fonds.

- Peau
- Lard
- Artères
- Muscle

GRAISSE PROTECTRICE

Les humains n'ont pas de lard comme les cétacés, ni de fourrure comme la plupart des autres mammifères. Ils doivent donc utiliser d'autres moyens pour se protéger du froid. Afin de parcourir de longues distances, les nageurs enduisent leurs corps de graisse pour conserver leur chaleur interne dans l'eau froide.

SOUS LA PEAU

Sous la peau de tous les cétacés, il y a une couche de graisse appelée « lard ». Agissant comme un isolant, elle les maintient au chaud et constitue une réserve d'énergie. Les baleines franches du Groenland ont la couche de graisse la plus épaisse (50 cm).

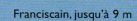
Franciscain, jusqu'à 9 m

Dauphin commun à bec court, jusqu'à 100 m

Globicéphale à nageoires courtes, jusqu'à 300 m

Cachalot, jusqu'à 3 000 m

La vie des cétacés

Les cétacés peuplent aussi bien les cours d'eau vaseux que les océans vastes et profonds et les mers polaires. Comme tous les animaux aquatiques, ils ont leur propre façon de nager. Parce qu'ils respirent de l'air, les cétacés passent beaucoup de temps près de la surface de l'eau, mais ce sont d'excellents plongeurs et leurs sens sont particulièrement développés : ils peuvent repérer, chasser et capturer une proie sans même la voir.
Mais comment font-ils ?

page **28** Contrairement aux poissons, les baleines ne peuvent pas respirer sous l'eau. Comment certaines espèces font-elles pour retenir leur souffle pendant 2 heures ?

Cap sur LA RESPIRATION

page **30** Une baleine bleue peut manger 6 à 8 tonnes de krill par jour. Qu'y a-t-il au menu des dauphins et des marsouins ?

Cap sur L'ALIMENTATION

page **32** Comment ce lagénorhynque sablier se déplace-t-il ?

Cap sur LA NAGE

page **34** Comment les scientifiques interprètent-ils les sauts et autres acrobaties des cétacés ?

Cap sur HAUTE VOLTIGE

page **36** Cette chauve-souris a un sens que nous ne possédons pas. Quel est-il et quels cétacés en disposent ?

Cap sur
LE SYSTÈME SENSORIEL

page **38** Le grillon grésille et la pie jacasse. Comment les cétacés communiquent-ils ?

Cap sur LE CHANT DES BALEINES

page **40** La plupart des cétacés apprennent très vite. Quel est leur degré d'intelligence ?

Cap sur
L'INTELLIGENCE DES CÉTACÉS

page **42** À quel âge un petit cachalot quitte-t-il la « pouponnière » ?

Cap sur
LES DÉBUTS DE LA VIE

page **44** Sais-tu que certains dauphins établissent des liens durables avec leurs congénères ?

Cap sur
LA FAMILLE ET LES AMIS

page **46** De nombreux dangers guettent les cétacés, mais les humains constituent peut-être pour eux la plus grande menace. Pourquoi ?

Cap sur
LES DANGERS DE LA MER

Cachalot — Mégaptère — Rorqual de Rudolphi — Baleine franche

LA RESPIRATION

Tous les cétacés doivent mettre la tête hors de l'eau pour remplir leurs poumons d'oxygène grâce à un mouvement d'ouverture et de fermeture de leurs évents, sinon ils se noieraient. Contrairement aux humains, qui respirent de façon automatique, les cétacés contrôlent leur respiration : c'est une respiration volontaire. Lorsque l'on opère un cétacé, on ne l'endort jamais complètement car il pourrait arrêter de respirer.
Sous l'eau, les cétacés retiennent leur respiration. On pourrait donc s'attendre à ce que leurs poumons soient gros mais, proportionnellement à leur corps, ils sont petits. Pourtant, les cétacés respirent de manière efficace : à chaque respiration, ils remplacent 80 % de l'air vicié contenu dans leurs poumons par de l'air frais (nous en régénérons environ 25 %). Leur sang emmagasine plus d'oxygène que le nôtre.

PRENDRE L'AIR
Les cétacés expirent puis inspirent à un rythme soutenu. Lorsque les dauphins et les marsouins nagent vite, ils bondissent hors de l'eau en prenant rapidement leur respiration.

Fentes branchiales

ET LES REQUINS ?
Comme tous les poissons, les requins respirent à l'aide de branchies et non de poumons. L'eau, riche en oxygène, s'engouffre dans leur gueule et traverse leurs branchies, où l'oxygène passe dans leur sang. Elle est ensuite évacuée par les fentes branchiales.

GROS PLAN

NE DORMIR QUE D'UN ŒIL

Si les dauphins dormaient comme nous le faisons, ils se noieraient. Ils doivent continuer à respirer sans interruption, même en dormant. C'est pourquoi ils gardent un œil ouvert et seule une moitié de leur cerveau atteint un sommeil profond, l'autre moitié restant en éveil.
Au bout d'un certain temps, ils changent d'œil pour laisser l'autre partie du cerveau dormir. Ainsi, tout leur cerveau peut se reposer comme il en a besoin, tandis qu'ils continuent de nager, de respirer et de garder un œil sur ce qui se passe autour d'eux.

Dauphin commun

Rorqual commun

Cachalot

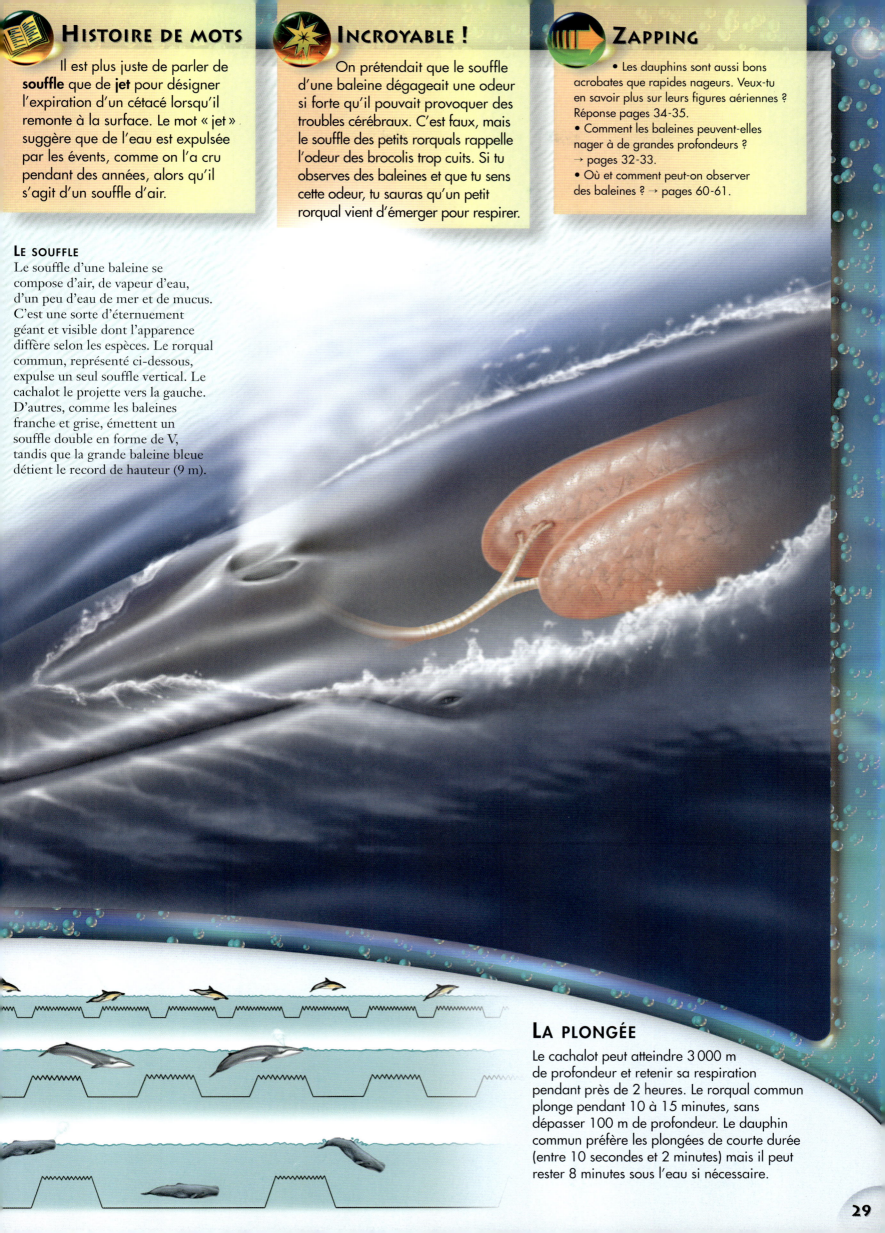

HISTOIRE DE MOTS

Il est plus juste de parler de **souffle** que de **jet** pour désigner l'expiration d'un cétacé lorsqu'il remonte à la surface. Le mot « jet » suggère que de l'eau est expulsée par les évents, comme on l'a cru pendant des années, alors qu'il s'agit d'un souffle d'air.

INCROYABLE !

On prétendait que le souffle d'une baleine dégageait une odeur si forte qu'il pouvait provoquer des troubles cérébraux. C'est faux, mais le souffle des petits rorquals rappelle l'odeur des brocolis trop cuits. Si tu observes des baleines et que tu sens cette odeur, tu sauras qu'un petit rorqual vient d'émerger pour respirer.

ZAPPING

- Les dauphins sont aussi bons acrobates que rapides nageurs. Veux-tu en savoir plus sur leurs figures aériennes ? Réponse pages 34-35.
- Comment les baleines peuvent-elles nager à de grandes profondeurs ? → pages 32-33.
- Où et comment peut-on observer des baleines ? → pages 60-61.

LE SOUFFLE

Le souffle d'une baleine se compose d'air, de vapeur d'eau, d'un peu d'eau de mer et de mucus. C'est une sorte d'éternuement géant et visible dont l'apparence diffère selon les espèces. Le rorqual commun, représenté ci-dessous, expulse un seul souffle vertical. Le cachalot le projette vers la gauche. D'autres, comme les baleines franche et grise, émettent un souffle double en forme de V, tandis que la grande baleine bleue détient le record de hauteur (9 m).

LA PLONGÉE

Le cachalot peut atteindre 3 000 m de profondeur et retenir sa respiration pendant près de 2 heures. Le rorqual commun plonge pendant 10 à 15 minutes, sans dépasser 100 m de profondeur. Le dauphin commun préfère les plongées de courte durée (entre 10 secondes et 2 minutes) mais il peut rester 8 minutes sous l'eau si nécessaire.

AU MENU DES BALEINES
Les baleines à fanons se nourrissent de zooplancton (à droite), composé de larves et de crustacés minuscules tels que le krill (ci-contre), les copépodes et les amphipodes.

L'ALIMENTATION

Tous les cétacés sont carnivores mais ils n'ont pas les mêmes habitudes alimentaires. Malgré leur taille colossale, les baleines à fanons se nourrissent de proies minuscules, le zooplancton, composé de krill et de petits mollusques, ainsi que de petits poissons. Elles s'alimentent par filtration. Pour manger, les rorquals engloutissent d'énormes gorgées d'eau en gonflant les sillons de leur gorge, tandis que les baleines franches « écument » la surface de l'eau en nageant la bouche ouverte.

Les baleines à dents, en revanche, chassent et capturent leurs proies une à une. Si certaines découpent et mâchent leur nourriture, la plupart n'utilisent leurs dents que pour saisir leurs proies, qu'elles avalent ensuite directement. Selon les espèces, elles se nourrissent de poissons, de crustacés, de mollusques, d'oiseaux de mer ou de phoques.

PÊCHEURS DE FOND
Pour se nourrir, les baleines grises basculent sur le côté et remuent la vase et les sédiments déposés sur le fond avec leur museau de façon à capturer de petits crustacés et des vers. La plupart des baleines grises s'inclinent vers la droite et portent des traces d'usure de ce côté de la bouche, mais certaines sont « gauchères ».

GROS PLAN
UNE RENCONTRE ÉTONNANTE

« Nous étions en Alaska pour observer des mégaptères. Soudain, une bulle est apparue à la surface, à environ 10 m de nous. D'autres ont suivi, elles avaient à peu près la taille d'une assiette. Après quelques instants, un grand cercle de bulles s'est formé. Et, tout à coup, 14 mégaptères ont émergé de l'eau, formant une masse écumante. Ils ont fait un bond de 6 m au milieu d'un nuage de harengs avant de replonger. Lorsque la mer s'est calmée, ils avaient déjà disparu, ne laissant aucune trace de leur extraordinaire spectacle. »

Extrait du journal de Mark CARWARDINE, cétologue, juillet 1995.

UN APPÉTIT D'OGRE
Une baleine bleue adulte absorbe quotidiennement 6 à 8 tonnes de krill ; le baleineau boit 100 litres de lait par jour.

PLONGER POUR SE NOURRIR
Un rorqual commun inspire profondément avant de plonger à pic. Il se sert de ses sens, et notamment de son ouïe, pour trouver du zooplancton, qu'il aspire avec de l'eau. Après l'avoir filtré et avalé, il refait surface.

Histoire de mots

Krill est un mot norvégien signifiant « nourriture de baleine ».
Rorqual vient d'un ancien mot scandinave qui signifie « gorge plissée » et fait référence aux sillons, ou replis, situés sous la gorge des rorquals. Ces sillons permettent à leur gorge de se distendre pour aspirer plus d'eau et de nourriture.

Incroyable !

Lorsqu'elles chassent en groupe, les orques s'attaquent à tout ce qui se présente, y compris des baleines bleues. Chaque orque a un rôle : certaines bloquent la baleine, d'autres l'empêchent de plonger et certaines bouchent ses évents pour l'empêcher de respirer.

Zapping

- Pourquoi certains cétacés passent-ils l'été dans l'Arctique ou dans l'Antarctique ? Réponse pages 22-23.
- Comment les cétacés chassent-ils leurs proies dans des eaux profondes, sombres et boueuses ? → pages 36-37.

Rideau de bulles
En décrivant une lente spirale autour d'un banc de poissons tout en soufflant par leurs évents, les mégaptères forment un « rideau » de bulles autour de leurs proies. Les poissons ainsi pris au piège s'agglutinent les uns sur les autres et les baleines n'en font qu'une bouchée.

Baleine franche de Biscaye : 11 km/h

La nage

Les cétacés nagent avec une aisance surprenante. Déplacer une telle masse dans l'eau nécessite pourtant beaucoup d'énergie. Les cétacés réduisent la résistance de l'eau en facilitant son écoulement (l'« écoulement laminaire ») sur leur corps lisse ; leur peau se déforme légèrement de manière à absorber les turbulences. La force propulsive est assurée par les mouvements verticaux des deux lobes de leur queue, qui leur permettent de se déplacer avec un minimum d'efforts. Les nageoires pectorales leur servent à se diriger et contribuent, avec les nageoires dorsales, à leur stabilité. En général, les cétacés adoptent une vitesse de croisière pour économiser de l'énergie mais s'ils ont besoin d'aller vite, le bas de leur corps se courbe et leur queue bat plus fort. Lorsqu'ils descendent en profondeur, ils se propulsent en battant de leur queue.

Plongeon à pic
Les cachalots et les baleines à bec sont les cétacés qui plongent le plus profondément. Le cachalot descend à la verticale, en général jusqu'à 400 m, mais les gros mâles peuvent atteindre 3 000 m de profondeur. Ils fouillent les grands fonds marins obscurs en quête de proies tels que les calmars géants.

Dans le sillage de sa mère
Un petit qui reste à proximité de sa mère est bien protégé. En nageant à côté d'elle, il peut se placer dans son sillage et utiliser son écoulement laminaire pour se déplacer rapidement dans l'eau.

Rorqual de Rudolphi : 38 km/h

Homme : 36,5 km/h

Histoire de mots

• **Lobe** vient du grec *lobos*, « lobe de l'oreille ». C'est l'une des deux grandes parties aplaties de la queue d'un cétacé.

• Le **lagénorhynque sablier**, un dauphin, doit son nom au motif noir et blanc qui orne ses flancs et dont la forme rappelle un peu celle d'un sablier.

Incroyable !

Les cétacés les plus rapides sont les marsouins de Dall. Ils peuvent nager juste au-dessous de la surface de l'eau à 56 km à l'heure. Chez les grandes baleines, c'est le rorqual de Rudolphi le plus rapide, avec des pointes à 38 km à l'heure.

Zapping

• Pourquoi certaines baleines parcourent-elles de très longues distances durant plusieurs mois ? Réponse pages 22-23.
• Comment les cétacés, tels que le cachalot, peuvent-ils plonger si profondément ?
→ pages 28-29.

À toi de jouer

Comparaisons

Tu marches probablement à environ 5 km à l'heure, ce qui correspond à la vitesse la plus rapide enregistrée lors d'une migration de mégaptères, l'un des cétacés les plus lents. Si tu nageais, tu serais loin derrière eux. Mais qu'en serait-il si tu courais ? Pour savoir quel cétacé tu peux suivre, fais-toi chronométrer par quelqu'un en courant un 100 mètres. Multiplie ensuite le nombre par 10 pour savoir en combien de temps tu courrais 1 km. Puis divise 3 600 par ce temps et tu obtiendras le nombre de kilomètres que tu parcourrais en une heure. Compare ta vitesse en kilomètres avec celle des cétacés.

Système de propulsion

Les mouvements ascendants et descendants du dernier tiers du corps de ce lagénorhynque sablier relèvent et abaissent sa queue, ce qui fait avancer le dauphin dans l'eau.

Haute voltige

Imagine un mégaptère de 28 tonnes et de 17 mètres qui émerge brusquement de l'eau. Il tourne en l'air, puis retombe sur le dos dans un bruit assourdissant. Ce spectacle aérien est exécuté par de nombreux cétacés.

La plupart des marsouins et des dauphins se projettent entièrement hors de l'eau. Certains font des sauts périlleux, des cabrioles et des vrilles avant de retomber. Les dauphins et les marsouins « marsouinent » : ils nagent en effectuant des bonds près de la surface de l'eau.

Les scientifiques pensent que ces sauts sont une forme de communication. Ils servent peut-être à chasser des intrus, à appeler leurs compagnons au secours, à montrer leur excitation ou leur irritation, à signaler leur présence aux autres cétacés. Les sauts pourraient aussi jouer un rôle dans l'organisation et la cohésion du groupe ou aider les cétacés à débarrasser leur peau des parasites.

SYNCHRONISATION PARFAITE
Les orques vivent, chassent et se déplacent en groupes familiaux très soudés. Elles ont une vie sociale très active et jouent volontiers ensemble, comme le montre cette photo où on les voit effectuer des sauts synchronisés.

DAUPHINS DE HAUT VOL
Les lagénorhynques obscurs comptent parmi les dauphins les plus agiles. Leur corps fin et léger leur permet de se livrer à des acrobaties spectaculaires.

HISTOIRE DE MOTS

Le **mégaptère** (du latin *megaptera*, « grande aile ») est appelé aussi « baleine à bosse » en raison de la forme de son dos. Ses très longues nageoires ressemblent un peu à de grandes ailes, d'où l'origine de son nom.

INCROYABLE !

Le dauphin bleu et blanc peut sauter jusqu'à 7 m de haut (trois fois sa longueur). Un homme de 1,80 m capable de sauter trois fois sa hauteur atteindrait 5,40 m, mais il aurait besoin d'une perche et d'élan pour y parvenir.

ZAPPING

- Les cétacés ne sont pas seulement doués pour communiquer. De quelle autre manière démontrent-ils leur intelligence ? Réponse pages 40-41.
- Comment les cétacés se déplacent-ils sous l'eau ? → pages 32-33.

AUTRES FIGURES

Les grandes baleines se servent de leurs nageoires caudales, pectorales et de leur tête pour envoyer des messages. Une même action peut avoir de nombreuses significations. Nous ne comprenons pas ce que les baleines disent mais nous savons comment elles le disent.

BONDIR HORS DE L'EAU

Bien qu'ils paraissent lents et trapus, les mégaptères sont les grandes baleines les plus agiles hors de l'eau. Ils peuvent sauter jusqu'à 100 fois de suite et se projeter presque entièrement hors de l'eau.

GUET HORS DE L'EAU

Une baleine grise sort la tête de l'eau pour observer autour d'elle.

BATTEMENT DE NAGEOIRE

Les mégaptères se mettent sur le côté et frappent la surface de l'eau avec leur longue nageoire pectorale.

GROS PLAN
DE VÉRITABLES ACROBATES

Tous les jours, de nombreux dauphins à long bec arrivent dans la baie de Kealakekua (Hawaii), après avoir passé la nuit à se nourrir en haute mer. En milieu de journée, ils se reposent, puis se mettent à zigzaguer le long de la baie. Ils bondissent et frappent l'eau, se cambrent pour sauter ou font des vrilles. Chaque dauphin a sa façon de tournoyer. Une vrille débute par un bruit sec et se termine par un claquement de queue retentissant formant un panache d'écume. Selon les scientifiques, la vrille sert d'avertisseur sonore et permet aux autres dauphins de connaître la taille et la forme du groupe. Vrilles et sauts pourraient aussi jouer un rôle social : ils semblent être communicatifs.

FRAPPEMENT DE LA QUEUE

De nombreux cétacés font claquer bruyamment leur queue sur l'eau. Ce comportement a déjà détruit de petits baleiniers.

Repérage d'une proie par écholocation

Le système sensoriel

Les cétacés possèdent les cinq sens dont dispose l'homme : l'ouïe, la vision, le goût, qui leur sert à s'orienter et à localiser d'autres cétacés ou des proies, l'odorat, en général réduit, mais dont les baleines à fanons se servent parfois hors de l'eau pour capter dans l'air les odeurs de krill, et le toucher, qui leur sert à explorer l'environnement et à communiquer. Mais les cétacés possèdent aussi des sens que nous ne connaissons pas, comme l'écholocation ou le sens magnétique. L'écholocation est un système sensoriel développé chez les baleines à dents, qui leur permet de chasser, de localiser les membres de leur groupe et de s'orienter. Le cétacé envoie des ondes sonores (cliquetis) qui se réfléchissent sur les objets et sont renvoyées comme des échos. L'analyse de ces échos fournit au cétacé une « image sonore » de son environnement comme s'il « voyait avec ses oreilles ».

Le toucher
Très douce, la peau des cétacés est particulièrement sensible au toucher. Grâce à leur grande sensibilité tactile, ces jeunes dauphins tachetés n'ont aucun mal à identifier les algues.

La vision
L'eau est 800 fois plus dense que l'air, mais les yeux de la plupart des cétacés se sont adaptés à l'obscurité des fonds marins. Seuls les dauphins qui vivent dans les cours d'eau marécageux ont une mauvaise vision.

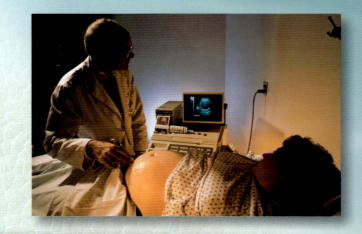

Les images acoustiques
L'homme a appris à se servir des ultrasons pour mettre au point une technique d'écholocation. Chez la femme enceinte, on peut ainsi obtenir une image du bébé à naître (échographie).

Histoire de mots

L'**écholocation** (du grec *êkhô*, « son », et du latin *locare*, « situer ») est la capacité de s'orienter en émettant des ultrasons qui produisent un écho. Un **ultrason** (du latin *ultra*, « au-delà », et *sonum*, « son ») est un son de fréquence très élevée.

Incroyable !

Le cachalot pygmée a des yeux mobiles qu'il peut tourner vers l'arrière, et certains cachalots se mettent sur le dos pour observer au-dessus d'eux ; le grand dauphin peut faire bouger chacun de ses yeux de façon indépendante.

Zapping

- Qu'est-ce qui distingue les baleines à dents des baleines à fanons ? Réponse pages 14-15.
- Comment les cétacés communiquent-ils entre eux ? → pages 34-35 et 38-39.

Gros plan

Un faisceau meurtrier

Si l'écholocation permet aux baleines à dents de trouver leur nourriture, elles s'en servent également pour produire un faisceau d'ondes destiné à assommer ou même à tuer leurs proies. Pour cela, elles émettent un déferlement d'ondes de haute fréquence dont l'intensité déséquilibre les proies ou endommage leur système sensoriel. Comme les poissons et les calmars nagent souvent plus vite que les baleines à dents, celles-ci ont sans doute recours à cette arme pour pouvoir se nourrir.
Les grands dauphins et les orques produisent ainsi des sons très intenses et rapprochés. C'est peut-être le cas aussi du narval.

Le bon sens

Certains animaux possèdent des sens inexistants chez l'homme, comme l'écholocation ou le sens magnétique, qui permet de capter les variations du champ magnétique de la planète.

Chauve-souris
La plupart des chauves-souris vivent dans des grottes sombres et chassent la nuit. Elles émettent des ultrasons pour localiser leurs proies par écholocation et éviter les obstacles.

L'écholocation
Le bélouga émet des cliquetis de basse fréquence très espacés pour sonder les mers glaciales où il vit. Lorsqu'il détecte la présence d'un poisson, il nage dans sa direction et ses cliquetis deviennent plus fréquents et plus aigus à mesure qu'il se rapproche de sa cible, pour se terminer par un long grincement.

Tortue
Chaque année, cette tortue verte revient à l'endroit où elle est née, sur l'île de l'Ascension, dans l'Atlantique Sud. Elle accomplit un voyage de plus de 2 000 km dans l'océan en s'orientant à l'aide de son sens magnétique.

Guacharo
Le guacharo émet de brefs cliquetis d'écholocation pour se nourrir la nuit et se diriger dans les grottes où il niche.

 La cigale craquette

Le grillon grésille

 Le kookaburra ricane

LE CHANT DES BALEINES

Le son se déplace mieux dans l'eau que dans l'air. Les cétacés entendent donc de très loin – les baleines à fanons peuvent capter des sons émis à plusieurs centaines de kilomètres.

Les cétacés exploitent leurs capacités auditives pour communiquer vocalement. Selon les espèces, on répertorie toute une gamme de sons. Les bélougas émettent des gémissements, des gloussements et des sifflements. Les dauphins font claquer leurs mâchoires et sifflent beaucoup, surtout lorsqu'ils sont furieux, effrayés ou excités. Chaque grand dauphin possède un sifflement propre qui permet aux membres du groupe de l'identifier et d'échanger des informations concernant la présence de proies ou de prédateurs. Les baleines à fanons émettent des sons de plus basse fréquence, qui composent parfois des chants. Ces sons sont probablement produits au niveau du larynx, comme chez l'homme, alors que les baleines à dents utilisent leur conduit nasal et leur melon (front) pour produire des sons.

LAGÉNORHYNQUES OBSCURS
Les cétacés ne communiquent pas seulement en produisant des sons. Chez les lagénorhynques obscurs, les sauts constituent des signaux visuels utilisés pour prévenir leurs congénères lorsqu'ils découvrent de grands bancs de poissons.

GROS PLAN
UN NOUVEAU RÉPERTOIRE

Tous les mégaptères mâles d'une même population entonnent le même chant, généralement au cours des migrations ou sur leurs aires de reproduction. Pourtant, en 1995 et 1996, des scientifiques sont entendu deux baleines sur la côte est de l'Australie chanter un air différent de celui de tous leurs congénères dans la région. Il s'agissait du chant entonné par les mégaptères de la côte ouest de l'Australie. En 1997, d'autres baleines de la côte est se sont mises à chanter le nouvel air, tandis que certaines mélangeaient l'ancien et le nouveau. En 1998, toutes les baleines entonnaient le nouveau chant. Selon les spécialistes, l'introduction de nouveaux airs permettrait aux mâles d'attirer des femelles.

UN MELON MUSICAL
Lorsque les bélougas inspirent et expirent de l'air par leurs sacs aériens et leur conduit nasal, cet air traverse des « lèvres » remplies de graisse qui vibrent et produisent des sons que le melon, rempli d'huile, renvoie vers l'extérieur.

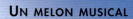
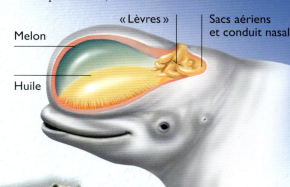

L'hyène tachetée hurle

HISTOIRE DE MOTS

• Un **hydrophone** (du grec *hudôr*, « eau », et *phônê*, « son, voix ») est un dispositif qui détecte les sons dans l'eau.

• Un **sonagramme** (du latin *sonus*, « son », et du grec *gramma*, « lettre, tracé, signe ») est un « son écrit », c'est-à-dire la représentation graphique d'un son.

INCROYABLE !

Les baleines bleues sont les animaux les plus « bruyants » de la Terre. Sous l'eau, leurs chants s'entendent à plus de 100 km de distance et peuvent atteindre 188 décibels. En comparaison, un cri humain atteint à peine 70 décibels.

ZAPPING

• Quels sont les autres modes de communication des cétacés ? Réponse pages 34-35.
• En quoi les cétacés possèdent-ils un système sensoriel plus complet que celui de l'homme ? → pages 36-37.

ONDE SONORE

Les sonagrammes ci-dessous permettent de visualiser les ondes sonores émises par les baleines. Ils révèlent l'intensité et la fréquence (haute ou basse) de ces sons, ainsi que leur durée.

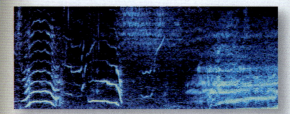

Cet extrait de chant de mégaptère dure 9 secondes et se compose de sons qui rappellent un peu un ronronnement et le barrissement d'un éléphant.

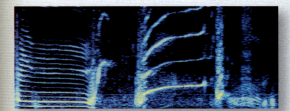

Ce chant d'orque dure 3 secondes et se compose de trois sons : un bref gémissement, un bref couinement et un gémissement plus long.

Le pouillot brun siffle deux notes très aiguës plusieurs fois de suite et très rapidement, puis une note finale plus longue.

LE CHANT DES MÉGAPTÈRES

Les mégaptères mâles sont réputés pour la complexité de leurs chants. Sous l'eau, il n'est pas rare de les entendre gémir, grogner, pépier ou siffler différents airs dans un ordre précis, semblables aux strophes d'une chanson. Chaque chant dure entre 7 et 15 minutes et il est entonné plusieurs fois de suite par les baleines.

CONCERT SOUS-MARIN

Pour écouter chanter les baleines, les scientifiques utilisent un hydrophone (un micro sous-marin). Certains sons émis par les baleines sont trop aigus ou trop graves pour être perçus par l'oreille humaine. Pour les capter, un équipement spécial est donc nécessaire, mais on peut entendre certains cliquetis d'écholocation en nageant aux côtés des baleines.

Voici la voix d'une femme qui chante une seule et même note pendant environ 4 secondes d'affilée.

La grenouille coasse

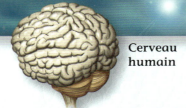
Cerveau humain

Cerveau de grand dauphin

L'INTELLIGENCE DES CÉTACÉS

Les cétacés ont la réputation d'être « intelligents ». Mais il est difficile de mesurer l'intelligence. Chez l'homme, on l'associe à la faculté de raisonner, de comprendre et résoudre des problèmes, d'apprendre à tirer profit de l'expérience, de transmettre le savoir et de s'adapter à de nouvelles situations.

La plupart des cétacés ont de remarquables facultés d'apprentissage. Les dauphins en captivité exécutent des numéros complexes. Les orques femelles apprennent à leurs petits à chasser le phoque en leur expliquant comment s'échouer sur une plage, puis regagner la mer. Mais il est difficile d'évaluer l'intelligence des cétacés et de savoir dans quelle mesure leur comportement fait appel à l'apprentissage et au raisonnement (donc à l'intelligence) et dans quelle mesure il est instinctif ou inné.

SIGNES D'INTELLIGENCE
Savoir résoudre un problème est considéré comme un signe d'intelligence. La taille et la complexité du cerveau sont aussi des critères importants. Par rapport à leur taille, les cétacés ont un gros cerveau, dont la structure est aussi complexe que celle du cerveau humain.

 GROS PLAN

L'HISTOIRE DE PERCY

Percy est un dauphin qui vit au large des côtes de Cornouailles (Angleterre). Il suit souvent les bateaux des pêcheurs jusqu'à leurs nasses à homards. Il lui arrive aussi de jouer avec les nasses en emmêlant leurs lignes. Un jour, il a provoqué un tel fouillis dans les lignes qu'il a fallu appeler un plongeur à la rescousse. Avec l'aide du dauphin, qu'il connaissait bien, le plongeur est parvenu à démêler les lignes sans en couper une seule : Percy lui a en effet désigné les lignes une à une avec sa mâchoire, dans l'ordre inverse de celui dans lequel il avait tout emmêlé.

DES ANIMAUX INTELLIGENTS
Le chimpanzé et le bonobo sont capables d'apprendre un langage, de résoudre des problèmes, d'utiliser des outils et de transmettre des connaissances à leurs petits. Beaucoup d'autres animaux peuvent apprendre des tours compliqués.

CHIMPANZÉS
Certains chimpanzés utilisent des bâtons pour attraper des termites ou fabriquent un outil avec du bois ou des pierres pour casser la coquille des fruits secs.

CHEVAUX
Les chevaux ont un lien étroit avec leur cavalier et apprennent à répondre à un ordre vocal ou à un mouvement du corps ou de la main.

Histoire de mots

- Un comportement **instinctif** ou **inné** permet à l'animal de savoir faire certaines choses dès la naissance, sans les avoir apprises. Ainsi, un baleineau nouveau-né sait qu'il doit sortir la tête de l'eau avant d'ouvrir son évent pour respirer.
- Un comportement **acquis** nécessite un apprentissage.

Incroyable !

Pour déloger les anguilles dissimulées sous des rochers, certains dauphins ont recours à un stratagème : ils la piquent avec des aiguillons de poissons venimeux. Le fait d'employer un «outil» est un signe d'intelligence.

Zapping

- Pour attraper des poissons, les mégaptères se regroupent et produisent des rideaux de bulles autour de leurs proies. Pourquoi ? Réponse pages 30-31.
- Veux-tu en savoir plus sur la vie des dauphins en captivité ? → pages 58-59.

Reconnaître son image

Savoir reconnaître son propre reflet dans la glace est un signe d'intelligence. Les scientifiques ont longtemps cru que cette faculté était l'apanage des hommes et des grands singes. Mais les grands dauphins du parc marin d'Hawaii se regardent dans la glace pour observer la présence de nouvelles marques sur leur corps.

Pigeons voyageurs
Les pigeons voyageurs sont capables d'effectuer de longs trajets et de se souvenir de leur parcours pour revenir à leur point de départ.

Otaries
Comme les dauphins, les otaries peuvent apprendre des numéros qu'on leur fait répéter en les récompensant.

Chiens
Les chiens peuvent être dressés à obéir à des ordres simples. Certains, les chiens d'aveugles et les chiens de sauvetage, remplissent des missions plus complexes.

QUITTER SES PARENTS
La gestation du cachalot dure de 15 à 17 mois. À la puberté, c'est-à-dire entre 6 et 10 ans, le mâle quitte sa mère et la « pouponnière » pour rejoindre un groupe de célibataires.

Nouveau-né

Baleineau entre 6 et 10 ans

Les débuts de la vie

À l'époque de la reproduction, les mâles essaient d'attirer les femelles de nombreuses façons : chants, parades nuptiales, caresses, combats entre rivaux… Comme tous les mammifères, les petits se développent dans l'utérus maternel. La gestation a une durée qui va de 9 mois chez les marsouins et dauphins de petite taille à 18 mois chez certaines grandes baleines à dents. Aussitôt après sa naissance, le nouveau-né gagne la surface de l'eau, avec l'aide de sa mère, pour inspirer sa première bouffée d'air. La femelle s'occupe de son petit pendant toute la période de l'allaitement, qui dure de 4 à 11 mois chez les baleines à fanons et de 1 à 4 ans chez les baleines à dents.

L'élevage d'un petit cétacé requiert beaucoup de temps et d'énergie. Les femelles n'en ont donc généralement qu'un seul par portée et de nombreuses espèces attendent au moins deux ans avant de s'accoupler de nouveau.

Trompes utérines

MÂLE OU FEMELLE ?
Les organes reproducteurs des dauphins sont assez semblables à ceux des autres mammifères. Il est toutefois difficile de distinguer un dauphin mâle d'une femelle car son pénis est logé dans une fente, à l'intérieur du corps.

Utérus

Fente génitale

Cachalot de 18-19 ans

HISTOIRE DE MOTS

• La **gestation** (du latin *gestare*, « porter ») est la période pendant laquelle les petits se développent dans l'utérus de leur mère, après la fécondation de l'œuf et jusqu'à la naissance.
• Les groupes ou clans de cétacés sont souvent appelés **troupeaux**, comme pour le bétail.

INCROYABLE !

Les bébés cétacés piquent des crises de colère ! Les chercheurs l'ont constaté chez des baleineaux à qui leur mère refusait du lait en roulant sur le flanc pour les empêcher de continuer à téter. Certains, très mécontents, ont alors agité violemment la queue et donné des coups de tête à leur mère.

ZAPPING

• Chez les cétacés, élever ses petits est un comportement instinctif ou inné. Que signifient ces mots ? Réponse pages 40-41.
• Des liens familiaux étroits sont indispensables à la survie des jeunes cétacés. Comment se déroule la vie familiale et sociale des cétacés ? → pages 44-45.

GROS PLAN
L'ÂGE D'UNE BALEINE

Pour connaître l'âge d'une baleine à dents, on examine l'intérieur d'une de ses dents, car les couches successives correspondent chacune à une année de croissance. Pour les baleines à fanons, on observe le bouchon corné contenu dans le canal auditif, car la croissance se mesure là encore grâce aux couches successives de cire et de cellules de peau morte.
Ces méthodes, peu précises, ne peuvent être utilisées que sur des spécimens déjà morts. Aujourd'hui, de nombreux cétacés sont identifiés par des photos, ce qui permet de les suivre toute leur vie. Il semble que les marsouins vivent entre 12 et 15 ans, les grands dauphins 50 ans et les baleines bleues 70 ans.

PARADE NUPTIALE
Pour gagner la faveur des femelles, les mégaptères mâles ne se contentent pas de chanter : ils exécutent des sauts, roulent sur eux-mêmes, battent des nageoires et fouettent l'eau avec leur queue. Certains mâles se ruent sur leurs rivaux et les repoussent pour tenter de se rapprocher des femelles.

UNE NOUVELLE VIE
Comme tous les cétacés, le petit du dauphin de l'Irrawaddy naît la queue en premier, en pleine eau. Sa mère le conduit aussitôt à la surface de l'eau afin qu'il puisse commencer à respirer. D'autres femelles, les « tantes », aident la mère à s'occuper du petit et à le protéger.

Cachalot de 27 ans

LA MATURITÉ SEXUELLE
Un cachalot mâle atteint la maturité sexuelle vers 18-19 ans, mais il ne devient socialement adulte que vers 26-27 ans. Il est alors prêt à entamer un voyage vers les pouponnières en quête d'une femelle.

Contacts physiques : « caresses » du rostre

Contacts physiques : « caresses » des nageoires pectorales

LA FAMILLE ET LES AMIS

Si certains cétacés, comme les petits rorquals et les dauphins d'eau douce, mènent une vie solitaire, la plupart d'entre eux sont des animaux sociaux. La vie en communauté fournit une protection contre les prédateurs, facilite l'accouplement, la mise bas et l'élevage des petits, ainsi que la chasse. La taille du groupe est généralement proportionnelle à la quantité de nourriture disponible. Les dauphins océaniques et les globicéphales peuvent se rassembler en immenses troupeaux de centaines, voire de milliers, d'individus, qui pourchassent d'énormes bancs de poissons. Organisés autour des femelles adultes, les clans de baleines à dents sont plus stables et plus soudés que ceux des baleines à fanons. Chez ces dernières, les petits deviennent autonomes vers l'âge de un an : c'est peut-être ce qui explique que les troupeaux présentent moins de cohésion que chez les baleines à dents.

DES LIENS ÉTROITS
Les petits globicéphales à nageoires courtes sont très liés à leur mère, qui les allaite entre 2 et 6 ans, voire parfois plus longtemps. Ils restent toute leur vie dans le même clan.

LES AMIS
Dans les eaux côtières, les dauphins tachetés forment de petits clans comptant jusqu'à 15 membres. D'autres dauphins se joignent au clan de façon temporaire, tout en nouant des liens durables avec ses membres. Les dauphins tachetés qui vivent en pleine mer se rassemblent en groupes de plusieurs centaines, voire de milliers, d'individus, que l'on rencontre parfois en compagnie de grands dauphins.

UNE MÈRE ET SON PETIT
Tangles possède les mêmes marques sur le corps que sa mère Tinkerbell (la femelle dominante) et que sa grand-mère, Beauty, morte il y a plusieurs années.

Histoire de mots

Un **banc** de poissons est un groupe réunissant de nombreux poissons d'une même espèce. Pour les baleines et les cétacés, on ne parle pas de « banc », mais de **groupe** ou de **troupeau**, comme pour le bétail ou les antilopes.

Incroyable !

Certaines baleines à dents vont jusqu'à risquer leur vie pour sauver un proche. Ainsi, les cachalots se tiennent aux côtés de leurs compagnons harponnés et cherchent même à briser le harpon. Ce comportement explique peut-être les échouages collectifs observés chez certaines espèces.

Zapping

- Les cétacés voyagent seuls ou en groupes. Veux-tu en savoir plus sur les migrations ? Réponse pages 22-23.
- Les cétacés communiquent de plusieurs façons au sein du groupe et avec les autres espèces. Quel est le rôle des chants des baleines ? → pages 38-39.

Gros plan
Transport d'éponges

Dans un troupeau de plus de 60 grands dauphins vivant à Shark Bay (Australie), on a remarqué que quatre femelles plaçaient systématiquement une éponge sur leur rostre avant de plonger en profondeur. Elles s'en servent peut-être pour se protéger le nez lorsqu'elles cherchent de la nourriture sur le fond sablonneux ou pour leurrer les poissons.
Certaines femelles le font occasionnellement, mais chez ces quatre-là (plus, désormais, la fille d'une d'entre elles), qui pêchent seules, c'est systématique. Elles ont en fait un comportement très différent de celui de leurs congénères, sans que l'on sache pourquoi.

La famille humaine
Un clan humain est constitué d'une famille étendue, qui comprend les parents, les tantes et les oncles, les cousins, les grands-parents et même les arrière-grands-parents. Les groupes de cétacés n'ont pas la même structure sociale : tous les mâles, sauf chez les orques et les globicéphales, quittent le clan à la puberté.

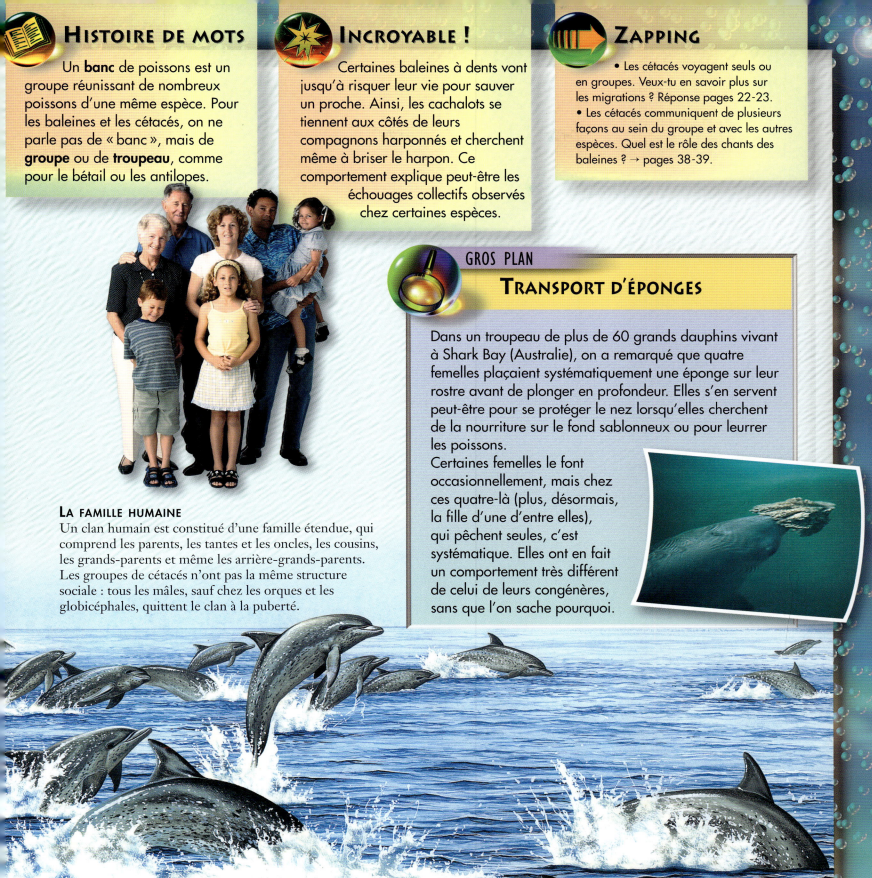

Les dauphins de Tangalooma
Tous les soirs, depuis plusieurs années, un groupe de grands dauphins se rend à Tangalooma, en Australie. Leurs marques et leur comportement montrent que ce sont des membres d'une même famille, unis par des liens étroits.

Ressemblance familiale
Shadow, la sœur de Tinkerbell, a les mêmes caractéristiques physiques que sa mère, sa sœur et le petit de sa sœur. Comme chez les humains, les parents transmettent certains de leurs attributs physiques à leurs petits.

Hélice　　　　　　　Requin　　　　　　　Voilier

Les dangers de la mer

Les principaux ennemis des cétacés sont les grands requins et les orques. Même l'énorme baleine bleue et les baleines franches peuvent être victimes d'orques chassant en groupe. Sur la banquise, l'ours blanc chasse les bélougas. En cas d'attaque, certains cétacés s'éloignent à la nage ou plongent en profondeur, tandis que d'autres affrontent l'ennemi.

D'autres dangers guettent les cétacés dans l'eau. Les parasites externes (poux de baleines, balanes) se nourrissent sur la peau et les plaies des grandes baleines, mais sont relativement inoffensifs. En revanche, la présence massive de parasites internes peut affaiblir un cétacé, voire le tuer. Mais le plus grand danger vient de l'homme. Celui-ci est responsable de la destruction des habitats des cétacés, notamment sur le littoral et dans les rivières, et de prises accidentelles dans les filets de pêche.

Ours blancs
Quand les bélougas échouent dans des eaux peu profondes, ils restent immobiles pour éviter d'attirer les ours blancs. Mais, si un ours découvre un bélouga, il commence par mordre son évent pour l'empêcher de respirer avant de dévorer sa peau et son lard.

Une protection efficace
Les cachalots se regroupent pour se défendre lorsqu'ils sont attaqués par une orque. Les adultes encerclent les petits et les malades, en tournant leur queue vers l'extérieur et en l'agitant dans l'eau. La formation ci-contre évoque le dessin d'une marguerite.

46

HISTOIRE DE MOTS

• Un **parasite** (du grec *parasitos*, « qui vit aux dépens d'un autre ») vit en prélevant sa nourriture sur les autres animaux ou sur les plantes.
• Un **prédateur** (du latin *praeda*, « proie ») est un animal qui se nourrit d'autres animaux.

INCROYABLE !

• Les cétacés vivent en groupes pour mieux se défendre. On voit parfois des troupeaux de dauphins tachetés et de dauphins à long bec lutter ensemble contre des requins.
• Pour affronter un ennemi, les cétacés donnent des coups de queue, font semblant de charger et menacent en battant des nageoires.

ZAPPING

• Pourquoi et dans quelles circonstances les cétacés vivent-ils en groupes ? Réponse pages 44-45.
• De nombreuses personnes se consacrent à la protection des baleines et des dauphins. Que font-elles ? → pages 54-55.

RUSE DE BALEINE
Le petit cachalot passe beaucoup de temps à se reposer à la surface. S'il est surpris, il lâche un liquide intestinal brun-roux et plonge à l'abri de cette épaisse projection.

AUTRES DANGERS
Les activités humaines nuisent gravement à la santé des cétacés.

POLLUTION SONORE
L'augmentation du bruit sous-marin produit par les plates-formes pétrolières empêche les cétacés de se servir de leur sonar pour communiquer, repérer des proies et éviter les prédateurs.

BATEAUX
Ils sont à la fois source de nuisances sonores et sources d'émissions polluantes. Les gros porte-conteneurs et les hélices des moteurs de hors-bord peuvent blesser les cétacés.

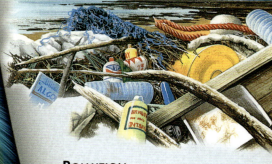

POLLUTION
Les cétacés peuvent mourir en avalant des sacs en plastique. Les toxines contenues dans les ordures se multiplient dans leur organisme et provoquent des maladies.

GROS PLAN
PARASITES

De nombreuses petites bêtes accompagnent les cétacés : certaines sont inoffensives, voire bénéfiques, d'autres non. Plus les cétacés nagent lentement, plus ils attirent les parasites.
Les rémoras sont inoffensifs : ils se fixent sur les cétacés uniquement pour se faire transporter. Mais d'autres parasites peuvent provoquer des plaies : les balanes, qui sont des crustacés, peuvent s'incruster dans la peau des cétacés (voir ci-contre) et favoriser une infection, par des poux appelés poux des balanes. Enfin, certaines espèces de parasite pourraient avoir un rôle de nettoyeur.

Bateau de pêche

Les cétacés et l'homme

Les cétacés ont toujours frappé l'imagination des hommes sans doute en raison de la taille impressionnante de certaines espèces et parce qu'en dépit de leur mode de vie aquatique ce sont des mammifères comme nous. Mais nos relations avec les cétacés ont été quelque peu mouvementées : l'homme les a beaucoup chassés, parfois jusqu'à l'extinction. Aujourd'hui, nous connaissons mieux ces animaux fascinants et nous cherchons à les préserver. Comme tu vas le découvrir plus loin, de nombreux cétacés sont désormais protégés et tu peux les observer dans leur milieu naturel.

page **50** Sais-tu que les cétacés étaient autrefois considérés comme de redoutables monstres marins ?

Cap sur FÉROCES, DANS LES MYTHES

page **52** Quelle partie de la baleine était utilisée pour fabriquer des corsets ?

Cap sur LA CHASSE À LA BALEINE

page **54** Des dauphins sont souvent capturés dans les filets utilisés pour la pêche au thon. Que peux-tu faire pour promouvoir des techniques de pêche inoffensives pour les cétacés ?

Cap sur **Sauver les cétacés**

page **56** Lorsque des cétacés s'échouent, ils sont parfois trop malades pour retourner immédiatement à l'eau. Que leur arrive-t-il alors ?

Cap sur **Les échouages**

page **58** Les dauphins constituent une attraction populaire dans les aquariums, mais les cétacés sont-ils vraiment adaptés à la captivité ?

Cap sur **En captivité**

page **60** Voudrais-tu voir des cétacés dans leur milieu naturel ?

Cap sur **Observer les cétacés**

Monstre des abysses

Monstre à défenses

Féroces, dans les mythes

Dans de nombreuses civilisations, les cétacés ont été décrits comme des serpents munis de défenses ou de crocs qui dévoraient les hommes. Dans la Bible, une baleine avale Jonas après qu'il a désobéi à Dieu, mais ce dernier ordonne à l'animal de le relâcher trois jours plus tard. Les Chinois pensaient qu'une énorme créature, avec un corps de cétacé et des membres d'humain, régnait sur la mer. Les Islandais craignaient des cétacés mythiques à tête rouge qui détruisaient les bateaux et dévoraient les marins.

Les dauphins, en revanche, bénéficient d'une certaine sympathie. De nombreuses histoires relatent le sauvetage d'êtres humains par ces cétacés. Pour les Grecs anciens, tuer un dauphin équivalait à tuer une personne car ils pensaient que les dauphins étaient des marins qui avaient péri en mer. Les Indiens d'Amérique, les Polynésiens et les Aborigènes d'Australie les considèrent traditionnellement comme des messagers de Dieu.

La fresque des dauphins
Ces dauphins ont été peints par un artiste il y a environ 3 400 ans sur l'un des murs de la chambre de la reine, au palais de Cnossos, en Crète.

Poterie Nazca
Les Nazcas vivaient le long de la côte du Pérou, entre 200 et 600 apr. J.-C. Ils ont probablement aperçu des dauphins dans l'océan Pacifique, tout proche, et un potier a peint celui-ci sur un récipient destiné à contenir un liquide.

Des monstres dans le ciel
Cetus est le nom latin de la constellation de la Baleine, un groupe d'étoiles dont le tracé a la forme d'un cétacé ou d'un monstre marin. Elle est appelée ainsi à cause du terrible monstre marin de la mythologie grecque envoyé par Poséidon pour détruire le pays du roi Céphée.

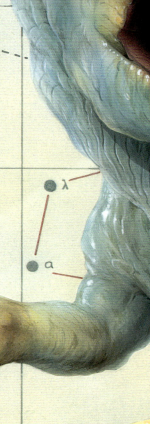

HISTOIRE DE MOTS

Un **mythe** (du grec ancien *muthos*, « récit ou légende ») est une histoire ancienne, racontée pendant des siècles souvent pour tenter d'expliquer les événements étranges qui se produisaient dans la nature.

INCROYABLE !

Partis à la recherche de la Terre promise, le moine irlandais saint Brendan et ses compagnons arrivèrent sur ce qu'ils croyaient être une île. En réalité, il s'agissait d'une baleine qui se reposait. Ils ne le comprirent que lorsqu'ils allumèrent un feu et que la baleine plongea. L'animal se changea en île, l'île de Saint-Brendan, que personne n'a jamais trouvée.

ZAPPING

- Certains cétacés ont un aspect et un comportement très curieux. Veux-tu en savoir plus ? Réponse pages 18-19.
- Les cétacés ont été craints, vénérés et chassés. Veux-tu savoir comment certaines espèces ont frôlé l'extinction à cause de la chasse ? → pages 52-53.

CRÉATURES MYTHIQUES

Depuis toujours, les marins racontent des histoires de créatures mystérieuses pour expliquer les phénomènes étranges ou effrayants qu'ils voient en mer.

GROS PLAN

LA LÉGENDE DE SIMO

Un dauphin nommé Simo sauva un petit garçon de la noyade et ils se lièrent d'amitié. Ils nageaient et s'amusaient ensemble, près du village d'Afrique du Nord où vivait l'enfant. Simo transportait le garçon sur son dos. Les villageois entendirent parler de cette amitié et se rendirent sur la plage. Plus l'histoire se répandait, plus les curieux affluaient. Le village devint surpeuplé, la nourriture commença à manquer, les gens se battirent. Les anciens du village décidèrent qu'ils devaient empêcher les choses de dégénérer et firent donc tuer Simo. Cette légende date de 109 apr. J.-C.

LES LICORNES
Les licornes sont des animaux mythologiques : elles n'ont jamais existé. Autrefois, on vendait des défenses de narval en prétendant qu'elles provenaient de licornes.

LES SIRÈNES
De nombreuses légendes évoquent de magnifiques sirènes, mi-femmes, mi-poissons, qui chantaient pour les marins. Des mammifères marins, les dugongs, pourraient être à l'origine de ces récits.

LES GRAVURES MAKAHS
Cette orque a été gravée dans la pierre il y a 300 ans dans l'État de Washington, aux États-Unis. C'est l'œuvre du peuple makah, une des tribus d'Indiens d'Amérique vivant de la chasse à la baleine.

LES MONSTRES MARINS
Autrefois, on pensait que les océans regorgeaient de monstres et de serpents géants.

Redoutable créature marine

La chasse à la baleine

Les hommes ont commencé à chasser les baleines de façon massive il y a environ 1 000 ans. Auparavant, on les tuait uniquement pour manger et survivre. Le produit le plus précieux était l'huile, extraite du lard de baleine. Avant l'invention de l'électricité, elle servait à fabriquer des bougies et des lampes. Après les années 1850, la chasse à la baleine connut un grand essor car cet « or liquide », également utilisé pour lubrifier les machines, était très demandé. De nouvelles techniques rendirent cette chasse plus facile, de sorte qu'un nombre croissant de grandes baleines furent tuées, menaçant la survie de certaines espèces.

Puis le besoin de produits baleiniers diminua avec la découverte de l'électricité. Depuis 1986, la chasse à la baleine est interdite et certaines espèces font leur retour.

La chasse à la baleine dans l'Arctique
Jadis, les peuples indigènes de l'Arctique et certaines petites communautés insulaires survivaient grâce à la chasse à la baleine. Aujourd'hui, ils ont le droit de tuer un nombre donné, ou quota, de baleines chaque année.

Le journal de bord d'un baleinier
Les anciens journaux de bord nous informent sur la vie, et la mort, à bord des navires baleiniers. Ces pages, datant d'août 1858, sont extraites du journal de bord d'un baleinier américain.

Viande de baleine à vendre
Des tranches de viande de baleine fraîche, fumée ou salée, sont vendues sur le grand marché au poisson de Tokyo. Elles proviennent des baleines tuées par les Japonais pour la « recherche scientifique » – les accords internationaux autorisent qu'un nombre limité de spécimens soit chassé dans ce but.

GROS PLAN
Des cétacés au service des baleiniers

Du milieu des années 1850 à 1932, un groupe d'une centaine d'orques a aidé des baleiniers australiens à chasser des mégaptères qui migraient le long de la côte. Les orques encerclaient les mégaptères et recevaient en échange la langue, les lèvres ou d'autres parties molles. Les baleiniers avaient coutume d'appeler les orques, dont le chef se nommait Tom, mais, au fil des ans, de moins en moins d'orques répondaient présentes : elles étaient mortes ou ne revenaient pas. Lorsque Tom est mort, son squelette a été exposé dans un musée et la pêche à la baleine a cessé dans cette zone.

Histoire de mots

En anglais, **baleine franche** se dit *right whale*, « bonne baleine » ; les baleiniers l'appelèrent ainsi car cette baleine était une cible facile : elle vivait près du rivage et ne coulait pas après sa mort.

Incroyable !

Imagine que tu pars en mer pour 5 ans. Tu te nourris de viande salée et de biscuits rassis. Tu dors dans une cabine crasseuse avec 30 autres personnes. À cause des tempêtes et des maladies, tu risques de ne jamais rentrer. Bienvenue à bord d'un baleinier des années 1800 !

Zapping

• Lorsqu'un cétacé « souffle », il expire en fait de l'air. Comment font les cétacés pour respirer ? Réponse pages 28-29.
• Dans l'eau, de nombreux dangers guettent les cétacés. Lesquels ? → pages 46-47.
• Veux-tu connaître les mesures adoptées pour sauver les cétacés ? → pages 54-55.

La mort d'une baleine
Un baleinier harponne une baleine franche de Biscaye. Les baleines franches ont été les premières à être chassées en masse. La baleine franche de Biscaye est ensuite devenue une espèce protégée mais, 65 ans après, elle demeure la plus rare de toutes les grandes baleines : il n'en reste que 320 spécimens dans le monde.

L'industrie baleinière
Une incroyable variété de produits était fabriquée à partir des baleines. Les Vikings se servaient des vertèbres pour fabriquer des chaises, la peau était transformée en sacs à main, en lacets ou en chaussures. Les tendons constituaient de bons cordages pour les raquettes de tennis...

Cosmétiques
L'huile de baleine entrait dans la composition de crèmes, de rouges à lèvres et servait aussi à fabriquer des pastels et de la graisse alimentaire.

Mode
Les fanons servaient de « baleines » pour les corsets et de cerceaux pour les jupons.

Scrimshaws
Les os et les dents étaient décorés de gravures appelées « scrimshaws ».

Phoque   Requin

Sauver les cétacés

Les cétacés sont de magnifiques animaux qui jouent un rôle essentiel dans l'écosystème océanique. Pourtant, des millions d'entre eux ont disparu et certaines espèces sont en voie d'extinction. La chasse mais aussi la pollution et les techniques de pêche sont à l'origine de la diminution de leurs effectifs.

Les cétacés donnent naissance à un seul petit par portée, tous les 2 à 5 ans uniquement. C'est pourquoi leur population ne se reconstitue pas aussi rapidement que celle des poissons. Tandis que les baleines grises et les mégaptères font leur retour, d'autres espèces, comme les baleines franches du Groenland et de Biscaye, pourraient disparaître à jamais.

Toutefois, des personnes et des organisations travaillent à la protection des cétacés et de leur environnement, mettent en place des sanctuaires et encouragent les techniques de pêche inoffensives pour les cétacés.

Manifestations pacifiques
Ces militants se sont rendus en canot pneumatique au pied d'un grand baleinier afin de protester contre la chasse à la baleine. Cette action risquée dérange les marins en plein travail.

Produits toxiques
Les toxines s'accumulent progressivement dans le lard des cétacés. Elles les rendent malades et les affaiblissent. La plupart des animaux meurent en mer mais certains, comme ce dauphin, sont charriés sur les côtes, couverts de plaies.

HISTOIRE DE MOTS

L'expression « **souffler comme une baleine** » signifie souffler très fort, avoir une respiration bruyante et précipitée. Autrefois, les baleiniers reconnaissaient les baleines à la forme et à la puissance de leur souffle.

INCROYABLE !

Bien que la chasse aux grandes baleines soit interdite, il existe des exceptions : le Japon, la Norvège et l'Islande ont le droit de capturer des rorquals et des cachalots. Les peuples indigènes des États-Unis, du Canada, de la Fédération de Russie, du Groenland, sont autorisés à tuer un nombre limité de grandes baleines par an.

ZAPPING

- Où vivent les cétacés ? Réponse pages 20-21.
- Veux-tu en savoir plus sur les dangers naturels qui menacent les cétacés ? → pages 46-47.
- Autrefois, comment se déroulait la chasse à la baleine ? → pages 52-53.

COLLABORATION SCIENTIFIQUE
Les chercheurs comparent leurs notes et leurs observations sur les cétacés. Plus nous en saurons sur ces animaux, mieux nous comprendrons comment ils survivent dans leur milieu naturel et de quelle manière nos activités les affectent.

À TOI DE JOUER
ENQUÊTE AU SUPERMARCHÉ

Ces 40 dernières années, la pêche au thon a tué plus de dauphins que n'importe quelle autre activité humaine car les pêcheurs utilisent des filets qui ne prennent pas au piège que des thons mais aussi beaucoup d'autres animaux, notamment des dauphins, des phoques et des tortues. Certains pêcheurs ont changé de méthode afin de capturer le moins possible de dauphins. Leurs boîtes de thon sont estampillées « Ami des dauphins ». La prochaine fois que tu iras au supermarché, vérifie par toi-même. Observe les boîtes de thon et regarde lesquelles portent cette indication.

LES PLUS MENACÉS

Certains dauphins et baleines sont au bord de l'extinction et risquent donc de disparaître définitivement. Les espèces ci-dessous sont les plus menacées.

BAIJI
Il reste moins de 100 baijis (dauphins de Chine). Malgré les tentatives de reproduction en réserves naturelles, leur survie n'est pas garantie.

MARSOUIN DE CALIFORNIE
Ces marsouins vivent dans les lagunes du nord du golfe de Californie, au Mexique. Leur population a été décimée par les pêcheurs et il en reste moins de 200 spécimens.

BALEINE FRANCHE DE BISCAYE
Elle a été beaucoup chassée par les baleiniers. Bien qu'elle soit protégée depuis 65 ans, il n'en reste actuellement que 320 spécimens.

PLATANISTE DE L'INDUS
Les barrages construits sur l'Indus ont séparé ces dauphins en cinq petits groupes, ce qui entrave leur reproduction. Il en reste moins de 500.

Tortue   Dauphin

Les échouages

Voir des cétacés échoués sur la terre ferme est un des spectacles les plus tristes de la nature. Il s'agit parfois d'un seul spécimen, malade ou blessé, mais, plus souvent, c'est un petit groupe qui est entraîné sur la plage. Il arrive même que des centaines de baleines s'approchent du rivage puis s'échouent.
Ces échouages collectifs touchent surtout les baleines à dents. Selon les spécialistes, elles suivent leurs proies trop près du rivage et ne peuvent plus ensuite regagner le large. De plus, lorsqu'un animal malade ou blessé s'échoue, les autres membres du clan n'ignorent pas ses appels au secours : ils restent au contraire près de lui et finissent par s'échouer également.
Lorsqu'un cétacé s'échoue, son corps n'est plus supporté par l'eau et il peut s'étouffer sous son propre poids. Il peut être éraflé par des rochers, les évents peuvent être bouchés par le sable et la peau, sensible, est brûlée par le soleil. Les sauveteurs parviennent parfois à remettre les cétacés à la mer, mais il arrive que ceux-ci s'échouent de nouveau, juste après leur retour à l'eau.

AU SECOURS DES CÉTACÉS ÉCHOUÉS
Ces personnes essaient de secourir des globicéphales échoués. Elles les arrosent (en faisant attention de ne pas mettre d'eau dans leurs évents) et les couvrent de serviettes humides. Cela maintient leur peau hydratée et les protège du soleil et du vent.

INTERFÉRENCES
Des navires de la marine américaine utilisaient leur sonar aux Bahamas le jour où 7 cétacés se sont échoués dans cette zone. Ils souffraient tous de problèmes auditifs qui ont sans doute affecté leur sens de l'orientation. Les scientifiques pensent que le sonar en est responsable.

GROS PLAN
UN DOUBLÉ GAGNANT

En 1994, un groupe de globicéphales s'est échoué dans une baie de Nouvelle-Zélande. 47 d'entre eux étaient déjà morts le lendemain. Des bénévoles s'occupèrent des 45 autres. Ils utilisèrent une pelleteuse pour créer un canal jusqu'à la mer, creusèrent sous les animaux les plus faibles et les placèrent sur des pontons gonflables. À marée haute, plus de 30 heures après l'échouage, les cétacés furent remis à l'eau. Ils nagèrent pendant un moment près du bord, à la recherche des autres membres du groupe, avant de rejoindre la haute mer. Les sauveteurs durent alors se rendre de l'autre côté de la baie, où un autre groupe de plus de 100 globicéphales s'était échoué. Les sauveteurs travaillèrent toute la nuit et, le lendemain, les cétacés purent rejoindre la haute mer.

HISTOIRE DE MOTS

Les globicéphales sont parfois appelés **« dauphins pilotes »** car certains conduisent le groupe comme des pilotes. On pense qu'un seul animal guide chaque groupe. S'il s'égare, tout le troupeau est perdu.

INCROYABLE !

Lorsque 80 globicéphales noirs se sont échoués à Tokerau Beach, en Nouvelle-Zélande, la population les a remis à la mer. Un groupe de dauphins qui chassait dans les parages a escorté les globicéphales vers la haute mer.

ZAPPING

• Un cétacé parcourt de longues distances grâce à son sens de l'orientation. Comment les cétacés se déplacent-ils ? Réponse pages 22-23.
• Comment les cétacés s'orientent-ils et trouvent-ils leur nourriture ? → pages 36-37.
• Quels dangers menacent les cétacés dans leur milieu ? → pages 46-47.

DÉPLACEMENT

Un cétacé est relâché en mer. Les nouvelles méthodes de sauvetage consistent à déplacer les animaux échoués, et pas seulement à les remettre à l'eau, car les spécialistes pensent que c'est peut-être l'endroit lui-même qui est responsable des échouages.

SECOURIR ET RELÂCHER

De nombreux cétacés échoués mourraient s'ils retournaient immédiatement à la mer. Ils sont donc emmenés dans des centres, où des spécialistes s'occupent d'eux jusqu'à ce qu'ils soient en mesure de retrouver leur milieu naturel.

Un dauphin blessé est soigneusement placé sur une civière puis transporté vers un camion, prêt à partir pour un centre spécialisé.

Les très jeunes cétacés boivent du lait au biberon. Les plus âgés sont nourris avec du poisson. S'ils sont malades, ils sont alimentés à l'aide d'un tuyau.

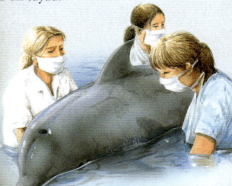

À mesure qu'un dauphin reprend des forces, il essaie de nager tout seul. Des bénévoles restent avec lui pour le soutenir s'il commence à se noyer.

Souvenir de l'aquarium

Cerceau enflammé

Panier et ballon de basket-ball

En captivité

Les grands dauphins, les bélougas, les orques ou les marsouins de Cuvier sont quelques-unes des attractions favorites des aquariums, des parcs aquatiques et des zoos. Des millions de personnes viennent assister à leurs numéros ou les voir évoluer. Ils vivent, au mieux dans des enclos côtiers, alimentés en eau de mer par la marée, au pire dans des petits bassins en béton. Certaines personnes sont opposées au maintien de cétacés en captivité, mais d'autres pensent que cela nous permet de mieux les comprendre. Dans la nature, les petites espèces vivent en groupes, ce qui est rarement possible dans les structures d'accueil. Même si certains cétacés sont nés en captivité, la plupart sont capturés dans leur milieu. Certains s'adaptent mais beaucoup souffrent et meurent prématurément. De plus, le comportement et les performances des cétacés en captivité nous en disent peu sur leur vie à l'état sauvage.

Comme chez soi ?
Ce bélouga de l'aquarium de Vancouver, au Canada, sera peut-être la seule baleine que cette fillette aura l'occasion de voir dans sa vie. Mais ces bassins sont très différents de l'océan. De nombreux cétacés en captivité tournent en rond dans leur bassin, cessent de produire des sons, deviennent agressifs, déprimés et parfois se blessent tout seuls.

En voie d'extinction ?
Le baiji, ou dauphin de Chine, est le cétacé le plus rare du monde. Sa seule chance de survivre à la pollution et aux barrages construits sur le fleuve où il vit pourrait être la semi-captivité et un programme de reproduction en réserve. Malheureusement, c'est une espèce difficile à capturer.

GROS PLAN

Sauver Keiko

Keiko est l'orque qui a joué dans *Sauver Willy*. Ce film raconte l'histoire d'un petit garçon qui contribue à libérer un cétacé en captivité. Keiko est né près de l'Islande, mais a été capturé en 1979. Après le film, il est retourné dans un parc d'attractions de Mexico pour exécuter des numéros. Lorsque ses fans l'ont appris, ils ont récolté des fonds pour le sauver. En 1998, Keiko a regagné l'Islande, dans un bassin protégé. Tous les ans, au printemps et en été, il est relâché en liberté, mais il revient toujours dans son bassin. Après 22 ans de captivité, on ne sait pas s'il retournera un jour à l'état sauvage.

Dans leur milieu naturel
Dans certains endroits du monde, il est possible d'observer des baleines, des dauphins et des marsouins dans leur milieu naturel. À Monkey Mia et Tangalooma, en Australie, ou à Little Bahama Bank, aux Bahamas, on peut les nourrir ou nager à leurs côtés.

HISTOIRE DE MOTS

Un **aquarium** (du latin, *aqua*, « eau », et *arium* « lieu destiné à ») est un réservoir dans lequel on élève des animaux aquatiques et, par extension, le local ou musée où sont rassemblés des aquariums.

INCROYABLE !

Certains aquariums financent des programmes d'aide aux cétacés sauvages. Celui de Vancouver, lui, permet d'adopter une orque sauvage. On obtient un certificat officiel d'adoption, une photo et le récit de la vie du cétacé, un CD de cris d'orques et des bulletins d'information.

ZAPPING

• Comment savons-nous que les cétacés sont des animaux très intelligents ? Réponse pages 40-41.
• De nombreux numéros pour lesquels les cétacés sont dressés en captivité sont fondés sur des comportements naturels, comme les sauts hors de l'eau. Veux-tu en savoir plus sur ces comportements ? → pages 34-35.

DES ORQUES EN REPRÉSENTATION

Les cétacés qui se produisent dans les aquariums, les parcs aquatiques et les zoos constituent des attractions très populaires. Cette orque très joueuse divertit le public par ses numéros d'adresse. On oublie facilement la souffrance que ces animaux peuvent ressentir car ils semblent beaucoup s'amuser.

ACROBATIES

Les grands dauphins apprennent vite et leurs numéros sont souvent liés à leurs comportements naturels. Par exemple, sauter dans un cerceau enflammé ou au-dessus d'une barre équivaut à faire des bonds hors de l'eau.

Appareil photo  Journal de bord  Jumelles

Observer les cétacés

Pour rencontrer des cétacés à l'état sauvage, tu peux partir seul dans un kayak, un bateau à rames ou à voile, ou bien participer à une excursion organisée à bord d'un canot pneumatique ou d'un bateau.
Pour réussir, tu auras besoin d'une bonne paire de jumelles et de beaucoup de patience. En effet, les cétacés passent 70 à 90 % de leur temps sous l'eau et tu ne pourras en apercevoir un que lorsqu'il fera surface pour respirer, à moins qu'il ne fasse quelque acrobatie spectaculaire, comme sauter hors de l'eau ou surfer sur la lame d'étrave. Il faudra aussi connaître les conditions météorologiques et, bien sûr, savoir où regarder. Les différentes espèces se trouvent à des endroits précis à certaines périodes de l'année pour se reproduire, se nourrir ou du fait de leurs migrations. Certains cétacés sont souvent près du rivage, de sorte qu'on peut parfois les voir depuis une plage ou une falaise.

Surfer sur la lame d'étrave
Parfois, les cétacés approchent les humains. Les dauphins, en particulier, aiment surfer sur les vagues créées à l'avant d'un bateau. Ils se bousculent, jouent et regardent même parfois les personnes qui les observent.

À TOI DE JOUER
TIENS TON JOURNAL DE BORD

Procure-toi un carnet solide en papier imperméable et emporte-le avec toi dans tes excursions. Chaque fois que tu rencontres un cétacé, indique-le en inscrivant le lieu, la date et l'heure. Note le temps qu'il fait, l'aspect de la mer et tout élément inhabituel. Signale le nombre et l'espèce de cétacés dont il s'agit, si tu réussis à les identifier. Sinon, décris leurs signes distinctifs, tels que la taille, la forme, la couleur, les motifs, le souffle, ainsi que la tête ou l'aileron s'ils ont un aspect étonnant. Explique ce que ces cétacés font à la surface et comment ils plongent.

Distance de sécurité
Dans les eaux calmes de l'Alaska, un kayakiste se trouve un peu trop près de la queue d'un cétacé. En général, ces animaux n'approchent pas les humains mais, s'ils sont en train de se nourrir, il est possible qu'ils ne voient pas l'embarcation : il faut donc garder une distance de sécurité.

Histoire de mots

Les baleines grises femelles sont des mères protectrices. Les baleiniers les surnommaient **« poissons du diable »** car elles devenaient agressives lorsqu'elles étaient séparées de leurs petits, n'hésitant pas à attaquer les baleiniers.

Incroyable !

Les cétacés peuvent blesser des humains. C'est parfois volontaire (des cachalots et des baleines grises ont attaqué les baleiniers et heurté leur navire). Mais parfois ce n'est pas le cas. Des personnes tentant de secourir des cétacés échoués ont reçu des coups de nageoire ou de queue.

Zapping

- Où vivent les cétacés ?
Réponse pages 20-21.
- Certains cétacés sont en danger. Quelles sont les initiatives destinées à les sauver ?
→ pages 54-55.

Distribution géographique

Ces cartes indiquent les régions où tu pourras observer des baleines, des dauphins et des marsouins : observe-les depuis le rivage ou fais une excursion en bateau.

Le paradis des photographes
Dans l'Antarctique, de fin novembre à mars, on peut voir des mégaptères et des petits rorquals dans leurs aires d'alimentation. À bord de petits canots pneumatiques, les touristes observent les baleines qui se nourrissent de krill entre les blocs de glace.

En observation
En hiver et au printemps, les baleines franches australes s'accouplent, mettent bas et élèvent leurs petits près du rivage, dans les eaux protégées de l'hémisphère Sud. Grimpe sur une falaise en Argentine, dans le sud de l'Australie ou de l'Afrique pour observer les femelles et leurs petits qui jouent.

Zooplancton Prédateur

Glossaire

ADN (acide désoxyribonucléique) Molécule en forme de double hélice qui contient les caractères spécifiques (gènes) de chaque individu.

Banc de poissons Groupe de nombreux poissons d'une même espèce.

Banc de sable Accumulation de sable au fond de la mer ou d'un cours d'eau, sous l'effet des courants et des marées.

Branchies Organes respiratoires de nombreux animaux aquatiques qui absorbent l'oxygène dissous dans l'eau. Les poissons, les crustacés et les têtards sont dotés de branchies.

Caissons (maladie des –) Trouble de la décompression courant parmi les plongeurs, pouvant provoquer des douleurs articulaires et musculaires. Il est dû à une diminution brutale de la pression de l'eau, qui entraîne la formation de bulles d'azote dans le sang.

Captivité État d'un animal qui ne vit pas en liberté, mais dans un espace clos (parc aquatique, zoo, etc.).

CBI (Commission baleinière internationale) Organisme international chargé de réglementer la chasse à la baleine.

Cétacés Ordre de mammifères marins comprenant les baleines, les dauphins et les marsouins.

Cliquetis Série de sons rapprochés, de haute fréquence, émis par les baleines à dents lorsqu'elles utilisent leur système d'écholocation.

Constellation Groupe d'étoiles formant dans le ciel nocturne une figure conventionnelle déterminée, à laquelle on a donné un nom. Il existe 88 constellations.

Copépodes Minuscules crustacés qui constituent plus de 60 % du zooplancton. Certains copépodes sont des parasites.

Crustacé Animal invertébré, généralement recouvert d'une carapace.

Décibel Unité de mesure de l'intensité d'un son.

Delphinidés Nom scientifique de la famille des dauphins.

Eaux tropicales Mers chaudes qui baignent les régions des tropiques, de chaque côté de l'équateur.

Écholocation Système utilisé par de nombreux cétacés et d'autres animaux pour s'orienter et trouver leur nourriture en envoyant des ondes sonores et en interprétant l'écho qu'ils reçoivent en retour.

Écosystème Ensemble interdépendant des animaux, des plantes et des éléments non vivants d'un milieu naturel.

Écoulement laminaire Écoulement de l'eau sur un objet lisse et hydrodynamique, tel que le corps d'un cétacé, offrant une résistance minimale au mouvement.

Émetteur radio Dispositif électronique qui envoie des signaux sous forme d'ondes radio, que l'on fixe sur un animal pour suivre sa trace.

Ère Grande période de l'histoire géologique de la Terre.

Espèce Ensemble des animaux ou des plantes qui se ressemblent, s'accouplent exclusivement entre eux et donnent des descendants féconds.

Évent Narine d'un cétacé, située sur le dessus de la tête. Les baleines à fanons ont deux évents, les baleines à dents n'en ont qu'un.

Fanons Lames de kératine disposées en forme de peigne qui garnissent le palais de certaines baleines et leur servent à filtrer la nourriture dans l'eau de mer.

Fossile Débris ou empreinte de plante ou d'animal vieux parfois de plusieurs millions d'années qui se sont conservés dans la roche ou les sédiments.

Fuselé De forme allongée avec des extrémités fines, comme un fuseau.

Gestation Période pendant laquelle une femelle porte son petit dans son utérus, qui s'étend de la fécondation de l'œuf à la naissance.

Hydrodynamique Se dit d'un corps qui glisse facilement dans l'eau, sa forme offrant une résistance minimale au mouvement.

Hydrophone Micro permettant de détecter les sons dans l'eau.

Invertébré Animal dépourvu de colonne vertébrale. Les oursins, les étoiles de mer, les crustacés et les vers sont des invertébrés.

Kératine Substance dure, constituée d'une protéine, qui entre dans la composition des ongles, des cheveux et des fanons des baleines.

Lame d'étrave Vague créée à l'avant d'un navire en marche ; par extension, vague créée par une baleine nageant vite.

Lard Épaisse couche de graisse située sous la peau des cétacés, qui leur permet de stocker de l'énergie et de conserver la chaleur.

Larve Forme intermédiaire que présentent certains invertébrés au cours de leur développement. Elle diffère parfois beaucoup de la forme adulte.

Larynx Organe de la phonation (production de sons) qui comprend les cordes vocales.

Lobe L'une des deux grandes parties aplaties, triangulaires, de la queue d'un cétacé.

Mammifères Groupe d'animaux vertébrés à sang chaud dont les femelles allaitent les petits.

Fossile Lard

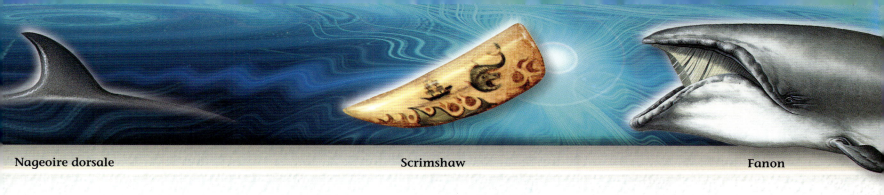

Nageoire dorsale · Scrimshaw · Fanon

Marsouiner Type de nage adopté par les marsouins et les dauphins, consistant à sauter hors de l'eau et à replonger en un mouvement ondulant régulier.

Melon Front bombé, rempli d'huile, de nombreux dauphins, marsouins et baleines à dents, qui joue un rôle dans le système d'écholocation. Il permet à l'animal de focaliser ses émissions sonores.

Migration Déplacement régulier des populations d'une région à l'autre pour se nourrir ou se reproduire.

Mollusque Petit invertébré au corps mou, couvert d'une coquille.

Moratoire Suspension volontaire d'une action. Le moratoire visant à interdire la chasse industrielle de la baleine est en vigueur depuis 1986.

Mysticètes Baleines à fanons. Chez ces baleines, les dents sont remplacées par des lames cornées (fanons) qui sont fixées à la mâchoire supérieure.

Nageoire dorsale (ou aileron) Nageoire située sur le dos de la majorité des cétacés. Elle contribue à la stabilité de l'animal dans l'eau.

Nageoires pectorales Membres antérieurs en forme de pagaie chez un cétacé, utilisés par l'animal pour se diriger.

Nomade Animal ou population qui est toujours en déplacement, généralement en quête de nourriture.

Odontocètes Baleines à dents.

Ongulé Mammifère herbivore porteur de sabots, comme la vache, le mouton, le cerf, l'éléphant, le cheval et le rhinocéros.

Paléontologue Spécialiste de l'étude des fossiles et des espèces primitives.

Parade nuptiale Ensemble de comportements de séduction précédant l'accouplement, observé chez de nombreux animaux, dont certaines espèces de baleines.

Parasite Organisme qui vit aux dépens d'un autre. Les poux des baleines et les balanes sont des parasites.

Phocénidés Nom scientifique de la famille des marsouins.

Plateau continental (ou plate-forme littorale) Région sous-marine relativement plane et peu profonde (jusqu'à 200 m) qui borde le littoral d'un continent.

Prédateur Animal se nourrissant d'autres organismes animaux (proies). Les orques, par exemple, sont des prédateurs.

Proie Animal dont s'empare un prédateur pour le dévorer.

Puberté Période de la vie, entre l'enfance et l'âge adulte, pendant laquelle l'animal (ou l'être humain) atteint la maturité sexuelle.

Rideau de bulles Sorte de piège utilisé par les mégaptères pour capturer un banc de poissons. Ces baleines décrivent une lente spirale autour des poissons tout en soufflant par leurs évents, formant ainsi un « rideau » de bulles tout autour de leurs proies.

Rorquals Famille de baleines à fanons. Ce terme est dérivé d'un ancien mot norvégien qui signifie « gorge plissée » et fait référence aux sillons, ou replis, situés sous la gorge de tous les rorquals.

Rostre Mâchoire supérieure allongée en forme de bec de certains dauphins.

Sang chaud (à –) Se dit d'un animal qui maintient constante la température de son corps, quelle que soit celle du milieu externe (air ou eau). L'homme, comme tous les mammifères, est un animal à sang chaud.

Sang froid (à –) Se dit d'un animal dont la température corporelle varie en fonction de la température du milieu (eau ou air) dans lequel il vit. Les reptiles sont des animaux à sang froid.

Scrimshaw Petit objet fabriqué à partir d'os ou de dents de baleine gravés.

Sens magnétique Capacité de percevoir les variations du champ magnétique de la Terre dont sont dotés les cétacés.

Sillage Trace d'eau qu'un navire ou un cétacé laisse derrière lui à la surface de l'eau. Nager dans le sillage d'un cétacé permet d'utiliser son écoulement laminaire pour se déplacer plus rapidement dans l'eau.

Sonagramme Représentation graphique d'un son.

Sonar Appareil de détection sous-marin utilisant les ondes sonores. Par extension, système d'écholocation utilisé par de nombreux cétacés.

Souffle Nuage expulsé par l'évent des cétacés en surface, composé d'air, de vapeur d'eau, de gouttelettes d'eau de mer et de mucus.

Tante Chez les dauphins et les baleines, femelle qui aide la mère à élever son petit.

Ultrason Son de fréquence trop élevée pour être perçu par l'oreille humaine.

Vapeur d'eau Produit de la transformation de l'eau en gaz sous l'action de la chaleur.

Vertèbre Chacun des os courts et reliés entre eux qui constituent la colonne vertébrale.

Vertébré Animal pourvu d'une colonne vertébrale, comme l'aigle, le serpent, la baleine, le dauphin ou le chien.

Zooplancton Ensemble des minuscules organismes animaux qui forment le plancton.

Baleine archaïque · Lobe · Polluants

Index

A
accouplement, 16, 22
  voir aussi reproduction
ADN, 62
aileron, 8, 12, 16
alimentation, 30-31
allaitement, 8, 42
amphipode, 30
Antarctique, 22
aquarium, 58, 59
Arctique, 22, 52

B
baiji, 55, 58
baleine, 8, 48, 58
baleine à bec, 18, 19, 32
baleine à dents, 10, 14, 15, 22, 30, 36, 37, 38, 42, 43, 44, 45, 56
baleine à fanons, 10, 14, 15, 20, 22, 30, 36, 38, 42, 43, 44
baleine archaïque, 10, 11
baleine bleue, 9, 11, 12, 13, 31, 39, 43, 46
Baleine (constellation de la), 50
baleine de Longman, 19
baleine franche, 28, 29, 30, 46
baleine franche australe, 12, 20, 61
baleine franche de Biscaye, 53, 54, 61
baleine franche du Groenland, 15, 21, 25, 54
baleine grise, 22, 29, 30, 35, 54, 61
baleine pygmée, 15
baleinier, 53, 61
banquise, 21
bélouga, 11, 18, 19, 21, 22, 23, 37, 38, 46, 58
bond *voir* saut
bosse, 12
branchies, 8, 28, 62

C
cachalot, 14, 21, 22, 25, 28, 29, 32, 42, 43, 45, 61
cachalot (petit), 47
cachalot pygmée, 37
caissons (maladie des), 24, 25, 62
callosité, 15
captivité, 58-59, 62
cerveau, 40
cétacés, 8, 9, 12, 62
chant, 38-39, 42
chasse, 52-53, 54, 55
cliquetis, 36, 39, 62
copépode, 30, 62
coryphène, 8
« coup de périscope » *voir* « spyhop »
crête, 12
crustacés, 15, 30, 62

D
dangers, 46-47
dauphin, 8, 13, 14, 16-17, 28, 34, 40, 42, 48, 51, 54, 55, 57
dauphin à bosse du Pacifique, 24
dauphin à long bec, 35, 47
dauphin bleu et blanc, 35
dauphin commun, 13, 28, 29
dauphin commun à bec court, 25
dauphin d'eau douce, 18, 20, 44
dauphin d'Hector, 20
dauphin de Chine, 58
dauphin de l'Amazone (boutou), 18, 19
dauphin de l'Irrawaddy, 43
dauphin de Risso, 16
dauphin (grand), 12, 20, 37, 38, 40, 41, 43, 44, 45, 58, 59
dauphin océanique, 44
dauphin rieur (grand), 16
dauphin tacheté, 36, 44, 47
dauphin tacheté de l'Atlantique, 17
défense, 18
delphinidés, 16, 62
dents, 14-15, 18, 43
distribution géographique, 20-21, 44
dorudontidés, 10
dugong, 9, 24

E
écholocation, 36, 37, 39, 62
échouage, 56-57
écosystème, 54, 62
écoulement laminaire, 32, 62
évent, 8, 14, 28, 46, 56, 62
extinction, 54, 55

F
fanons, 14-15, 62
femelle, 9, 12, 40, 42, 43, 61
fentes branchiales, 28
fossile, 10, 11, 62
franciscain, 25

G
gestation, 42, 43, 62
globicéphale, 44, 45, 56, 57
globicéphale à nageoires courtes, 25
globicéphale pilote, 22
graisse, 12, 23, 24, 25
  voir aussi lard

H
habitat, 20, 21, 46
huile, 38, 52
hydrodynamique, 12, 24, 62
hydrophone, 39, 62

I
industrie baleinière, 53
intelligence, 40-41

K
kératine, 14, 62
krill, 25, 30, 31, 36, 61

L
lagénorhynque à flancs blancs, 15, 17
lagénorhynque obscur, 17, 34, 38
lagénorhynque sablier, 33
lamantin, 24
lard, 25, 46, 52, 62
  voir aussi graisse
licorne, 51
lobe, 32, 33, 62

M
mamelles, 9
Mammalodon, 10
marsouin, 8, 13, 14, 16-17, 28, 34, 42, 43, 58
marsouin à lunettes, 17
marsouin commun, 17
marsouin de Burmeister, 17
marsouin de Californie, 13, 17, 20, 55
marsouin de Cuvier, 17, 58
marsouin de Dall, 17, 33
marsouinier, 17, 34, 63
maturité sexuelle, 43
mégaptère, 12, 28, 30, 33, 34, 35, 38, 39, 43, 52, 54, 61
melon, 16, 38, 63
Mesonyx, 10
mésoplodon de Layard, 18
migration, 22-23, 38, 60, 63
mollusques, 30
moratoire, 63
mysticètes, 14, 15, 63
mythes, 49

N
nage, 32-33
nageoire, 8
  nageoire caudale, 10, 35
  nageoire dorsale, 32, 63
  nageoire pectorale, 10, 12, 32, 35, 44, 63
narval, 14, 18, 19, 37
nomade, 22, 23, 63

O
observation des cétacés, 60-61
odontocètes, 14, 15, 63
organes internes, 13
organes reproducteurs, 42
origine des cétacés, 10-11
orque, 12, 16, 20, 31, 34, 37, 39, 40, 45, 46, 51, 52, 58, 59
otarie, 9, 41
ours blanc, 46
oxygène, 8, 28, 62

P
paléontologue, 11
parade nuptiale, 43, 63
parasite, 34, 46, 47, 63
peau, 24, 32, 34, 36, 47, 56
pêche (filets de), 46, 55
phocénidés, 16, 63
phoque, 9, 30, 40
plancton, 8, 14, 21
platanistes de l'Indus, 55
plongée, 29
pollution, 47, 54
pouillot brun, 39
poumons, 28
pouponnière, 42, 43

propulsion, 33
Protocetus, 10
puberté, 45, 63

Q
queue, 8, 12, 32, 35

R
recensement, 23
reproduction, 9, 22, 38, 42
  voir aussi accouplement
requin, 28, 46, 47
requin-baleine, 8
respiration, 28-29
  respiration volontaire, 28
rorqual, 30, 31, 63
rorqual commun, 28, 29
rorqual de Rudolphi, 9, 28, 33
rorqual (petit), 20, 22, 29, 44, 61
rostre, 16, 44, 45, 63

S
sanctuaire, 54
sang chaud (animaux à), 8, 25, 63
sang froid (animaux à), 8, 63
saut, 17, 34, 35, 38
scrimshaw, 53, 63
sirène, 51
siréniens, 9
sonagramme, 39, 63
sonar, 56, 63
souffle, 29, 55, 63
« spyhop », 20
système sensoriel, 36-37

T
tante, 43, 63
toucher, 36
toxines, 47, 54
troupeau, 43, 44, 45, 47
tucuxis, 24

U
ultrason, 37, 63

V
vision, 36
vrille, 34, 35

Z
zooplancton, 30, 63

Les éditeurs remercient les consultants suivants pour leur aide dans la réalisation de cet ouvrage : Peter Gill, Michael Noad, Julian Pepperrell, Pr Pat Quilty, Dr Graham Ross, Tangalooma Dolphin Resort.
Nous remercions également les enfants qui ont été photographiés dans ces pages : Charlotte Barge, Alex Hall, Cassandra Hall, Eloise Hall, Alfred Hall, Jane Liane Hall, Heide-Jo Kelly, Emily Knight, Gregory Knight, Liam Low, Nerys Low, Elizabeth Lum, Malcolm McLean, Marie McLean, Abbey Piaud, Christopher Piaud, Jules Smith-Ferguson, Pasang Tenzing.

CRÉDITS PHOTOS
(h = haut, b = bas, g = gauche, d = droite, c = centre)
AAP Images 58 bd. **ABRS** 19 hg (courtesy Media 24/Evening Post/Graham Ross). **Ad-Libitum** 5 b, 7 bd, 10 bd, 12 c, 13 c, 14 bg, 21 c, 24 bg, 27 bg, 30 bg, 33 cd, 40 h, 45 hg, 49 b, 55 b, 60 c (Mihal Kaniewski). **APL** 25 c, 30 bd, 34 hd, 36 bd, 37 c, 50 hd, 50 bg, 52 hd, 52 cd, 52 cg, 52 bg, 60 bd (Corbis) ; 30 hd, 39 bc (Minden/Philip Nicklin) ; 28 bg, 35 hg, 47 bc. **Ardea London** 55 h (Francois Gohier) ; 16 hd. **Auscape** 58 cg (Mark Carwardine), 18 hd (Jeff Foott) 61 hg (Colin Monteath), 23 c (Stefano Niccolini), 32 c (Mike Osmond), 15 c (Doug Perrine), 28 hd (Mark Spencer). **Brandon D. Cole** 20 cg, 51 b. **Bruce Coleman** 8 hd. **FLPA** 20 hd (Scott Sinclair/Mammal Fund Earthviews), 47 hd (Marineland). **Focus New Zealand** 57 h (Ingrid Visser). **Steven French** 56 bd. **Getty Images** 17 b, 38 hd, 58 hd, 60 cg. **Peter Gill** 9 b. **Hedgehog House** 22 cg, 34 bg (Dennis Burman), 36 g (Peter Gill), 46 hd (Colin Monteath). **Innerspace Visions** 44 hd (Doug Perrine). **International Dolphin Watch** 16 bg, 40 g (Dr Horace Dobbs). **Marine Mammal Images** 36 hd (Michael Nolan). **McCulloch/Mazzoil NMFS GA#32** 30-May-00 54 g. **Newsphotos** 56 cg. **Mike Noad** 38 bg. **M. Osmond** 43 h. **photolibrary.com** 14 hd. **Rachel Smolker** 45 cg. **Spectrogram Program by Richard Horne** 39 bcd, 39 bd, 39 hcd, 39 hd (Original recording by Cornell Laboratory of Orinthology). **Tom Stack & Associates** 8 cg (Randy Morse). **Tasmanian Parks & Wildlife** 52 b (Rene Davidson Collection). **University of Sao Paulo** 24 hd (Marcos César de Oliveira Santos, Project Atlantis). **Wildslide** 12 hd (S. Burnell).

CRÉDITS DES ILLUSTRATIONS
Anne Bowman 7 bcd, 22 bg, 22 cd, 22 h, 23 bc, 23 d, 26 bd, 34 h, 35 d, 49 hd, 54 h, 55 b, 55 d. **Christer Eriksson** 34/35 c. **David Kirshner** 6 hc, 8/9, 26 hc, 27 bcd, 27 hcd, 27 hd, 28/29, 36/37, 38/39, 42/43, 63 hcg. **Rob Mancini** 4 hd, 5 hd, 6/7 c, 7 cg, 12/13, 20/21 c, 21 d, 26 hd, 30/31, 58/59, 62 hg, 63 hg. **Chris Stead** 54/55 c, 60 h, 60/61 c. **Kevin Stead** 4 bcd, 24/25, 26/27 c, 32/33, 40/41, 49 cd, 62 bd. **Glen Vause** 48 bd, 52/53, 63 hc. **Laurie Whiddon** 20 h, 20 bg, 22/23 c, 61 d. **Wildlife Art Ltd** 4 bd, 4 hcd, 6 bd, 7 hc, 7 hcd, 10/11, 14/15, 16/17, 18/19, 27 bg, 32 bd, 44/45, 46/47, 48 hd, 49 cg, 50/51, 56/57, 62 bg, 62/63 bc, 62 hd, 63 bd, 63 hd.

CRÉDITS DE COUVERTURE
Anne Bowman ; **Christer Eriksson** ; **International Dolphin Watch** ; **David Kirshner** ; **Rob Mancini** ; **Kevin Stead** ; **Glen Vause** ; **Wildlife Art Ltd**.

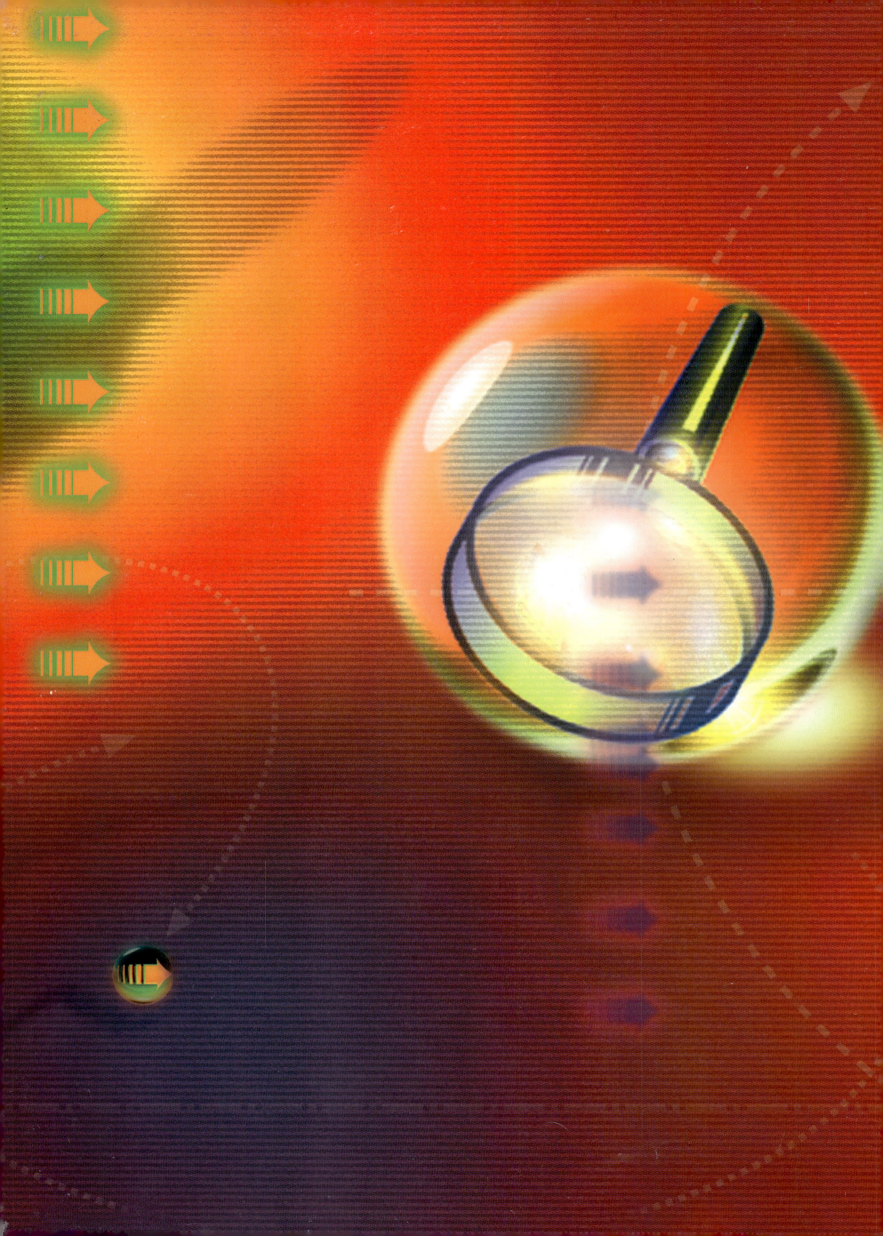